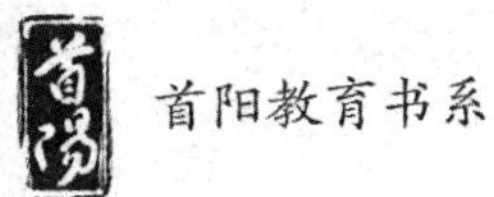

首阳教育书系

高校体育教学改革的多维思考与模式构建研究

陈　慧◎著

陕西师范大学出版总社　西安

图书代号　JY25N1017SY

图书在版编目（CIP）数据

高校体育教学改革的多维思考与模式构建研究 / 陈慧著. -- 西安 : 陕西师范大学出版总社有限公司, 2025. 2. -- ISBN 978-7-5695-5598-1

Ⅰ. G807.4

中国国家版本馆 CIP 数据核字第 20253WA892 号

高校体育教学改革的多维思考与模式构建研究

GAOXIAO TIYU JIAOXUE GAIGE DE DUOWEI SIKAO YU MOSHI GOUJIAN YANJIU

陈　慧　著

出 版 人　刘东风
出版统筹　杨　沁
特约编辑　李密密
责任编辑　温彬丽　张　翠
责任校对　王　婉
封面设计　张秋艳
出版发行　陕西师范大学出版总社
（西安市长安南路 199 号　邮编　710062）
网　　址　http://www.snupg.com
印　　刷　三河市南阳印刷有限公司
开　　本　710 mm×1000 mm　1/16
印　　张　11.75
字　　数　235 千
版　　次　2025 年 2 月第 1 版
印　　次　2025 年 2 月第 1 次印刷
书　　号　ISBN 978-7-5695-5598-1
定　　价　60.00 元

作者简介

陈慧，湖北荆州人，现任职于南昌职业大学，副教授职称，研究方向：体育产业经营。曾先后在《体育时空》《当代体育科技》《文体用品与科技》等期刊上发表十余篇相关专业论文，主持过国家级体育人才培养系统构建与优化类课题，获得校级、省级和国家级各类资格证书，还获得健身车、跑步机和健腹轮的外观设计专利。

前　言

随着社会的快速发展和经济全球化的深入推进，高校体育教学面临着前所未有的挑战与机遇。传统的体育教学模式往往注重技能的传授和体能的训练，而忽视了学生的全面发展、个性需求以及体育素养的培养。在这种模式下，学生往往缺乏参与体育活动的兴趣和动力，体育教学难以发挥其应有的价值和作用。同时，现代教育理念的转变也对高校体育教学提出了新的要求。现代教育理念强调以人为本，注重学生的全面发展，提倡培养学生的创新精神和实践能力。因此，高校体育教学需要与时俱进，进行深入的改革与创新，以适应时代发展的需求。基于此，研究高校体育教学改革与模式构建具有重要的现实意义和深远的历史意义。改革传统的教学模式、构建科学的体育教学体系可以更好地满足学生的体育需求，提升学生的综合素质，推动高校体育事业的持续发展。

全书共七章。第一章为体育教学理论阐释，主要阐述了体育教学的产生与发展、体育教学的概念与性质、体育教学的特点与功能、体育教学的规律与原则等内容；第二章为高校体育教学改革的背景与问题，主要阐述了高校体育教学改革的背景和高校体育教学改革的问题等内容；第三章为高校体育教学思想与理念的改革，主要阐述了高校体育教学思想的改革和高校体育教学理念的改革等内容；第四章为高校体育教学目标与方法的改革，主要阐述了高校体育教学目标的改革和高校体育教学方法的改革等内容；第五章为高校体育教学内容与评价的改革，主要阐述了高校体育教学内容的改革和高校体育教学评价的改革等内容；第六章为高校体育教学主体与管理的改革，主要阐述了高校体育教学主体的改革和高校体育教学管理的改革等内容；第七章为高校体育教学模式的构建与发展，主要阐述了体育教学模式的基本理论、高校常见的体育教学模式、高校新型体育教学模式的构建、高校体育教学模式的发展方向等内容。

在撰写本书的过程中，笔者借鉴了许多前人的研究成果，在此表示衷心的感谢，并衷心期待本书在读者的学习生活以及工作实践中结出丰硕的果实。

探索知识的道路是永无止境的，本书可能还存在着不足之处，恳请前辈、同行以及广大读者斧正，以便改进和提高。

目　　录

第一章　体育教学理论阐释

高校体育教学旨在提高学生的身体素质、运动技能和健康水平，培养全面发展的人才。随着社会和教育的发展，高校体育教学也在不断进步和完善。本章围绕体育教学的产生与发展、体育教学的概念与性质、体育教学的特点与功能、体育教学的规律与原则等内容展开研究。

第一节　体育教学的产生与发展

一、国外体育教学的产生与发展

（一）国外体育教学的产生

1. 欧洲的体育文明

欧洲文明的发源地是古希腊，古希腊人追求人类的健康发展，崇尚自然的人体健康之美。早期的古希腊人有着丰富多彩的体育生活，这在现代考古发现中也得到了证实。

从现有的大量文献中发现，早期的古希腊人崇尚体育活动，体育竞技是古希腊人生活的重要组成部分，当时还有一些关于体育竞技活动的术语，如竞技、训练、体操等。其中，体操是古希腊一切健身活动的总称。就概念的界定来看，“体操”一词近似于现代的“体育”。古希腊的运动场中，如角力场，设有大量与体育活动（如跑、跳、投、拳术等）有关的设施，是古希腊人参与“体操”活动的重要场所。

在全球范围内，古希腊人对于体育的热爱是独一无二的，他们深信体育与神灵崇拜紧密相连，认为古希腊的神灵拥有卓越的体育能力。这种对神灵的崇敬渗透在他们的日常生活和宗教仪式中。为了取悦神灵，古希腊人将人体美、竞技精神和高超技艺视为对自己和后代的重要标准，他们通过教育和训练不断提升自己的体能和运动技能，并在特定日期举行盛大的体育庆典，以祭祀神灵。这些庆典最终演变为古代奥林匹克运动会。

2. 欧洲早期的体育教学

在古代文明初兴之时，人类的教育活动与生产劳动和身体锻炼紧密相连。据史料记载，古埃及、古巴比伦、古印度等文明古国，均设立了宫廷学校、祭司学校、神庙学校等专门机构，为贵族子弟提供教育。在这些学校的教育内容中，体育居于重要地位，涵盖了箭术、骑马、驾车、刀剑使用等多项体育活动。

转观欧洲早期，古希腊奴隶社会的斯巴达和雅典的学校教育模式最为著名。与同时期的其他国家相比，斯巴达和雅典的学校教育无疑是十分先进的。公元前8世纪，斯巴达作为一个极端军事化的城邦国家，其教育重心在于军事训练，文化学习并不受重视。全体斯巴达人均需接受军事训练，特别是氏族贵族子弟（包括女子），其军事体育训练项目包括赛跑、跳跃、角力、掷铁饼、投标枪等。

而在雅典，学校教育同样以体育教学为主导。雅典儿童从7岁左右起便需入学接受教育，学习内容涵盖文法、音乐和体育。待至12岁，他们将进入体操学校，接受系统的体育操练教育。其操练内容与斯巴达的军事训练项目大致相同，旨在锻炼雅典人的体魄，并提升他们的身体素质和精神意志。

此外，古代奥林匹克运动会也是古希腊重视体育发展的有力证明。作为古希腊的重要社会活动，古代奥林匹克运动会的主要内容是体育竞技活动。各城邦均对体育教育与训练给予高度重视，那些在古代奥林匹克运动会上取得优异成绩的人被誉为民族英雄。因此，当时还专门设立了体育学校，以培养奥林匹克运动会竞技人才。从整体来看，欧洲早期的学校教学内容中，体育教学居于主导地位。

（二）国外体育教学的发展

1. 文艺复兴时期的体育观念

14至17世纪的欧洲文艺复兴时期，涌现出众多关于人自身发展的新思想，这些思想催生了西方早期的体育思想，并为现代教育的诞生奠定了基石。文艺复兴作为一场思想启蒙和解放运动，引领人们重新审视自我，实现了对人自身的回归。受其影响，人们开始关注自身的娱乐与发展，人文主义教育观开始流行，体育在教育中的地位逐渐凸显。一些人文主义者开始借助民间游戏和军事训练活动来提升自身涵养。

中世纪后期，现代体育的雏形已初显端倪。骑士制度作为欧洲体育史上的璀璨明珠，其骑士精神深受欧洲人尊崇。成为一名骑士需接受系统的训练，“骑士七技”——骑马、游泳、投矛、刺剑、狩猎、弈棋、吟诗，成为骑士教育的核心，其中多项内容与体育息息相关。

当时，英国哲学家约翰·洛克（John Locke）等思想家对体育教育理论的提出做出了重要贡献。洛克主张，教育应让学生学习实用的知识，并成为健康之人，他强调，健康是幸福的重要基础，体育可促进人的涵养和教养的提高。

2. 启蒙运动和工业革命对体育教学的影响

文艺复兴之后，欧洲历经宗教改革和启蒙运动，思想的大解放推动了教育思想的不断发展，现代教育思想逐步成熟。随后，工业革命的到来使现代社会发生了翻天覆地的变化，为体育教学的产生奠定了现实基础。

（1）启蒙运动对体育教学的影响

17 至 18 世纪，欧洲启蒙运动正式拉开帷幕，进一步影响了人们对自身发展的看法和思考。这场继文艺复兴之后的又一次思想解放运动，促进了近代科学精神的充分发展和现代自然科学的迅猛发展。

启蒙运动中涌现出众多杰出的思想领袖，他们提出了一系列与体育教学相关的观点和思想，推动了现代教育理论的快速发展。学校体育逐渐从“活动”形式转变为系统的“课程”。

被誉为“近代学校体育之父”的捷克著名教育家夸美纽斯（Comenius）提出了“适应自然”的教育原则，为近代资产阶级教育理论和学校教育奠定了坚实的基础。夸美纽斯强调，健全的人应保证机体和智能的健康，实现身心健康的和谐统一。

18 世纪中期，德国教育家古茨姆斯（GutsMuths）提出体育课应围绕跑、跳、投、角力、悬垂、搬举重物和倒立、平衡、舞蹈、击剑九大基本内容展开。这与启蒙运动提倡通过教育促进人的全面发展和自由成长的理念相契合。

（2）工业革命对体育教学的影响

随着资本主义生产方式的蓬勃发展，西方自然科学迎来了前所未有的迅猛进步。在这一时期，科学的光芒指引了人们对体育与人类健康发展之间密切关系的认识，众多思想教育家纷纷肯定了体育在促进人类健康、推动社会进步中的重要作用。

启蒙运动与工业革命的双重推动，为自然科学的发展注入了强大动力，人们对人体科学的研究也日益深入。这一进程不仅促进了科学知识的积累，更为体育教育的科学发展提供了坚实的基础。

工业革命对劳动力提出了更高的要求，各国开始深刻认识到体育教学在增强劳动力体能素质、改善体质方面的重要性。为此，各国纷纷通过立法手段将体育确立为学生的必修课，这一举措使得体育在学校课程体系中处于重要地位。

在学校体育教学内容方面，瑞士教育家裴斯泰洛齐（Pestalozzi）为世界教育的发展做出了杰出贡献。裴斯泰洛齐提出了许多独创性的教育理论，他倡导“教育心理学化”的思想，创立了和谐发展教育和“要素”教育理论。他认为，教育应遵循自然法则，均衡发展学生的道德、智慧和身体各方面的能力。在体育活动方面，他主张应重视学生的关节活动，并按照人体关节活动的难易程度来安排体育教学。

在体育教学人才培养方面，19 世纪的美国、瑞典、德国等国家纷纷开办了体育学校，专门培养体育教师。这一阶段体育教学思想的发展，使得大规模、标准化的体育人才培养成为可能。体育师范学校的出现，标志着现代意义上的学校体育科学化迈出了重要的一步。同时，这一时期的学校体育教学课程出现了课程化、班级授课和年级授课等形式，为学校体育的规范化发展奠定了坚实的基础。

3. 20 世纪至 21 世纪体育教学的发展

20 世纪初期，一批教育家和思想家纷纷提出关于学校体育在新时期如何有效促进学生发展并符合社会发展需求的改革思想，这些思想对学校体育教学的发展产生了深远影响。在这一时期，世界各国结合自身实际情况，从不同角度出发，对学校体育进行了全面改革，提出了众多新的教学理论，极大地促进了本国学校体育教学的发展。

奥地利学者高尔霍费尔（Gaulhofer）便是其中的佼佼者。他主张按照儿童的成长规律和兴趣爱好来设计体育课程，以促进儿童的全面成长发育。为此，他不仅设计出更加贴合学生需求的体育实践形式，还创立了独具特色的教材体系，并提出了“儿童中心主义”的教学观念。更重要的是，他首次提出应系统地考虑速度、耐力和灵敏等运动学特性来安排授课，这一教育思想对西方体育教学的改革起到了推动作用。

与此同时，美国兴起的“新体育”理论也在这一时期获得了显著发展，并逐渐成为美国体育学界的主流思想。该理论源自美国学者托马斯·伍德（Thomas Wood）和赫塞林顿（Hetherington）提出的“新体育”学说，他们认为传统体操无法完全承担体育教学的任务，因此需要对体育教学的目标和手段进行重新诠释。

此外，“新体育”理论还将学校体育教学的关注点从个体健康层面拓展到社会化教育层面，对欧洲体育教学进行了本土化改造。

第二次世界大战后，一批新建的社会主义国家在苏联的影响下，纷纷建立了“准备劳动与卫国体育制度”。这些国家不仅规定了统一的学校体育教学大纲，还成立了体育学院，加强了体育师资的培训，实现了学校体育的规范化管理。同时，这些国家还在青少年中广泛推广体育锻炼达标活动，进一步提升了学校体育的地位和影响力。在学校体育教学思想方面，以苏联为首的社会主义国家阵营特别强调科学的规划和测评，这一思想对学校体育教学的理念和实践产生了深远影响。

21世纪，全球迈入信息化与网络化的新纪元，科学技术日新月异，世界政治、经济、文化的交流日益频繁，各国的教育事业正朝着以新技术革命为核心的方向蓬勃发展。

在这一新阶段，世界体育教学展现出以下显著特点。

首先，学校体育教学愈发注重为终身体育和健康休闲体育奠定基础，强调体育教学的长远效益。

其次，体育教学内容日益丰富多样，不仅涵盖竞技体育，还融入了表演、娱乐、健身等多种元素，满足了学生的多样化需求。

再者，体育教学在促进学生身体发展的同时，也高度重视学生的心理素质和社会能力的培养。

此外，在新科技革命的推动下，体育教学形式和方法呈现出多样化发展趋势。电化教学、微课程教学、网络教学等现代教学方式应运而生，为体育教学注入了新的活力。

最后，现代新技术在体育教学实践中得到了广泛应用，各种现代化手段和检测仪器使学生的体质测评更加科学、准确，为体育教学的科学化提供了有力支持。

二、我国体育教学的产生与发展

（一）我国体育教学的产生

体育教学是随着体育的产生而逐渐发展起来的，它源自人类长期的社会实践，并随着人类社会的进步而不断演变，同时融入了各地独特的文化特色。从某种程度上说，体育教学的产生也是社会文化进步的一种象征。体育教学具有较强的地域性和文化性，不同区域、不同文化背景下形成了各具特色的体育教学体系。

在早期的打制和使用粗石器时代，我国社会中就有了传授劳动经验和原始礼仪的教学内容。夏朝时期，学校初具形态，分为“庠”“序”“校”三种，其中“序”以射箭为主要内容，与当时重视军事训练的实际情况相契合。到了周代，“六艺”（礼、乐、射、御、书、数）成为主要的教学内容，其中的“射”指射箭，“御”指驾车，均属于军事训练范畴。西周时期，形成了“文武并重”“文武分途”的新教学体系，取代了“为政尚武”的旧体系。孔子提倡培养“文武兼备”的“仁者”，赞同西周的“六艺”教学；荀子提出了运动养生的观点，强调规律运动对增强体质、抵抗疾病的重要性；墨子在其教学体系中特别重视射、御，开创了任侠之风。

两汉以来，社会上逐渐形成了重文轻武的风气。直到唐朝建立后，武举成为选拔武官的重要途径，习武也成为一种教学形式。武则天在隋代科举制度的基础上增设武科，通过考试制度选拔武官。唐代武举考试内容丰富，包括长垛、马射、步射、平射、筒射、马枪、负重等。武举制的创设极大地推动了以应试科目为中心的武学教学体系的出现和发展，一些地方官府甚至在乡村设置了泥土或木制的马，聘请教师教授骑射之术，使武艺训练在民间得到广泛开展。随后的几个朝代也纷纷设立了专业的体育培训课程。宋朝建立了专门的武举学校，学习兵法、历代战争分析等理论内容和武艺、军事指导等实践内容。明代设立的国子监、卫学等，在性质上与现代学校更为接近，且在教学时间上也有了较为明确的规定。清代承袭明代的学校制度，在满族人的学校中教授文武并重的教学内容，汉人学校也设有“武备斋”，教授兵法、水陆战法、射御等内容。直至清政府实行“新政”，废除科举制度，兴办学校，武举制度才被废除。

（二）我国体育教学的发展

1. 我国近代体育教学的发展

我国近代体育教学的发展主要体现在两个层面：一是我国古代体育教学传统的延续与革新，二是西方体育思想的引入与本土化。在古代，我国体育教学曾有过辉煌的时期，但自清朝以来，与欧洲体育教学的发展相比，我国体育教学逐渐显露出明显的差距，且这一差距随着时间的推移不断扩大，这无疑受到了当时社会政治环境、经济发展状况以及文化思想变迁的深刻影响。

鸦片战争之后，为了寻求国家救亡图存之路，洋务派发起了洋务运动。在教育领域，他们主张借鉴西方经验，兴办新式学堂，将西方体育引入教学体系之中，明确规定将体操（包括瑞士体操、德国体操、日本体操以及兵式体操等多种形式）作为核心教育内容。同时，学堂的课外体育活动也主要以西方近代体育项目为主，这标志着我国体育教学开始踏上近代化的征程。

初期，西方体育思想在我国面临诸多挑战，但随着时间的推移，逐步调整和本土化。在西方体育教学与我国传统体育教学的交会过程中，两者经历了冲突与融合的复杂阶段。经过长时间的适应与调整，我国近代体育教学逐渐找到了自己的发展道路，步入了稳定发展的新阶段。

值得一提的是，近代史上的五四运动，作为一场反帝反封建思想的伟大爱国运动，也对我国传统体育教学产生了深远的影响。这场运动的爆发，极大地推动了我国近代体育教学变革的进程。学者纷纷投身于体育研究，向全社会发出加强体育运动的呼吁与宣传。在各界人士的共同努力下，学校体育教学迎来了新的发展契机。

1917 年，毛泽东在当时极具影响力的革命杂志《新青年》上发表了一篇题为《体育之研究》的文章，其中着重强调了学校教育必须兼顾体育、德育和智育的重要性，这一观点对近代我国学校体育教学的发展起到了重要的启示作用。

2. 我国现代体育教学的发展

中华人民共和国成立以来，党和政府始终将体育的健康促进、经济发展推动、国防实力增强以及外交关系拓展等多重功能置于重要位置，强调体育应紧密服务于国家的经济建设大局、外交事业的拓展、国防安全的巩固以及社会民众的健康福祉，为构建社会主义的物质文明与精神文明大厦贡献力量。体育事业的发展因此被赋予了崭新的历史使命和时代价值，我国现代体育始终坚持社会主义的发展道路，尽管历程曲折，但始终坚韧不拔，克服重重困难与挑战，最终取得了显著的发展成果。

自中华人民共和国成立之日起，党和政府就对学校体育工作给予了高度的重视，并且尤为关注青少年的体质健康状况。全民体育事业发展的根基在于学校体育，学校体育在增强体质、促进健康以及培育全面发展的社会主义建设者和接班人等方面发挥着不可替代的作用。为了保障学校体育教学工作的顺利进行，党和政府相继出台了一系列相关的法规与政策，为学校体育教学指明了清晰的发展思路和教育方针，为学校体育教学事业的蓬勃发展提供了坚实的保障。在党和政府的深切关怀下，在相关部门的持续努力下，在众多体育与教育专业人士的积极参与和共同努力下，学校体育教学取得了令人瞩目的成就，青少年的体质健康状况持续改善，为全民健身运动的深入发展和推进健康中国建设奠定了坚实的基础，培养了一大批优秀的体育后备人才，等等。

第二节　体育教学的概念与性质

一、体育教学的概念

对体育教学概念的深入理解需建立在对教学相关知识理解的基础之上。对教学基本含义的分析，是认识和理解体育教学的重要前提。

（一）教学的基本含义

“教学”是一种动态的教育行为，指教育者对特定学科或技能组合进行的有组织、有计划的教学活动。从宏观和微观两个层面，我们可以对教学的基本含义进行具体剖析。

从宏观层面看，教学是教育的一部分，体现了文化的传递与知识体系的塑造，是一种具有系统性和广泛性的大规模教育活动。教学涉及教育者以一种或多种文化为内容，对受教者进行教育，旨在使受教者获得这种文化。在此过程中，教育者是掌握特定知识或技能的人，与受教育者共同构成教学的主体。

从微观层面讲，教学则聚焦于教师和学生之间的具体互动，是一种直观的教师教授知识和学生学习知识的活动。教师是教学的引导者、组织者和知识传授者；学生则是教学的受众和主体。简而言之，教学是一种以特定文化为对象的“教”与“学”相结合的活动。

综上所述，教学是一种教师和学生共同参与、相互作用的教育活动，双方为实现某一具体教学目标而相互协作。

（二）体育教学的基本概念界定

体育教学需要系统的组织与管理，还需要特别关注教学环境的特殊要求。因此，体育教学并非一种轻松随意、没有规范的活动，更不能等同于课余的休闲娱乐活动。体育教学要求有明确的教学目标、系统的课程安排以及有效的教学方法，以确保学生在运动中获得知识和技能的提升。

从本质上讲，体育教学主要在学校环境中进行，主要参与者为体育教师和学生。学生在体育教师的组织和指导下，了解、掌握和提高体育相关的基本知识、体育运动技能以及体育运动素养。体育教学的目的不仅在于促进学生的身心健康发展，还通过提升运动技能、增强团队合作精神、培养心理韧性等方式，完善学生的个性心理特征，进一步提高学生的社会适应能力，帮助其成为全面发展的社会人才。

二、体育教学的显著特征

性质是事物间最根本的区别所在，不同性质的事物其表象自然各异。体育教学具有独特的教学性质，这些性质使得它与其他学科教学有根本的区别。以下是体育教学的几个显著特征。

第一，体育教学的教学地点灵活多变。传统体育教学大多在户外进行，适合大多数集体运动项目。然而，随着教学内容的多样化以及设施条件的改善，现代体育教学越来越多地利用室内场馆，如篮球、羽毛球等。第二，在教学过程中，师生均需承受一定的运动负荷与心理负荷，这是体育教学区别于其他学科教学的显著特点之一。第三，体育教学是一种将身体活动与思维活动紧密结合的教学过程，同时伴随着频繁的人际交往，这有助于培养学生的社交能力和团队协作精神。第四，体育教学侧重发展学生的身体时空感觉和运动智力，提高学生的身体协调性和反应速度。第五，体育教学更加关注学生自我操作与体验，强调学生在实践中的主体性和参与感。第六，体育教学是一种针对运动技能和知识的教学，这是其与其他学科教学显著的区别之一。

学生掌握体育运动技能需要经历认知阶段、练习阶段与完善阶段。在认知阶段，学生与体育运动技能之间的联系最为密切，教学的主要目的是使学生对所学运动技能的结构、要素、关系、力量、速度等进行表象化的认识，建立初步的运动概念；在练习阶段，学生将这些理论知识转化为实际操作，通过反复练习逐步提高技能水平；在完善阶段，学生通过不断地实践，优化动作，提升运动表现。

第三节　体育教学的特点与功能

一、体育教学的特点

体育教学与一般的文化课教学相比，其共同点在于它们都是师生共同参与的互动性活动，教师传授知识和技能，提升学生的综合能力。然而，体育教学独具特色，其显著特点在于其高度的身体实践性和参与性，学生在实际的运动过程中，不仅要掌握运动技能，还要在实践中提升体质、合作能力与心理素质等。

（一）体育运动知识的可操作性传承

体育运动知识本质上是一种身体知识。这种身体知识不仅是人类认知发展过程中的一种特殊认识，更是人们从对自然外部知识的追求转向对人体内部知识探索的结果，它代表着对人类本体、人类自身及人类自我的一种挑战。

当今教育界充分重视学生的主体地位，这种对个体自主性的关注，不仅彰显了体育教学的特殊性，也赋予了体育教学传承知识的重要意义。身体知识不仅是对人体的深度理解，它还代表了人类对自身身体机能的认识和探索，能够帮助人们在快节奏的现代生活中重拾对身体健康的关注和自我管理的意识。当前，身体知识受到人类的广泛认可与关注，并在人类身心健康的相关研究中发挥了重要作用。未来，随着人们对身体知识理解的加深，这类知识会在推动人类全面发展中发挥更大的作用。

（二）体育教学过程的直观性与形象性

体育教学过程展现出鲜明的直观性与形象性特征。对体育教师而言，其教学不仅要遵循其他学科教学的基本要求，还需运用富有趣味性、贴切且生动的语言，对所要传授的知识进行艺术化加工，使语言简洁明了，以加深学生对教学内容的理解。同时，体育教师通过动作示范、学生正误对比以及教学辅助工具（如人体模型、动作图示）等手段，将抽象的运动技巧具体化，帮助学生直接感知动作要领，并建立清晰、正确的运动表象。

通过直观的动作演示，学生能够将所获得的表象与思维紧密结合，从而有效掌握体育知识与体育技能。此外，体育教学管理与组织的过程也充分体现了直观性与形象性。直观性体现在学生的行为表现直接、外显且可观察，体育教师可以实时了解学生的学习状态和运动习惯；而形象性则反映在体育教师的一言一行具有榜样作用，能在潜移默化中对学生的身心产生影响。这种影响在课堂上，尤其是在学习活动与运动过程中表现得尤为明显。

（三）体育教学内容的审美性

体育教学内容的审美性最为直观地体现在运动过程中体育教师与学生所展现的身体协调性与流畅的动作节奏。通过运动锻炼，师生能够塑造出流畅的身体线条与和谐的比例，而这一过程本身就是人体运动之美的生动诠释。这些都是外在的、可直接感知的美。同时，在运动开展的过程中还蕴含着人体精神层面的美。譬如，学生在运动中需克服生理与心理的双重挑战，唯有如此，方能顺利达成体育教学目标，而在此过程中，他们所展现出的礼貌、谦让与谦虚等品质，正是精神美的体现。

体育教学活动不仅是人体美与精神美的展现，更是体育教学内容审美性的深刻体现。每一种运动项目都以其独特的方式诉说着审美特征与美学精神。大球类运动，既彰显了个人的运动才能，又融入了群体间的互助、协调与合作等人际素养；小球类运动，既展现了学生的精湛技艺，又展示了他们灵巧的身姿。

（四）客观条件的制约性

体育教学的效果往往受到气候条件、场地设施、学生体质等多方面因素的制约。例如，雨天会影响户外运动，学生的身体素质差异也可能使一些运动项目的实施受到限制。

从教学对象的层面来看，体育教学应追求全面性。在运动基础方面，体育教师需差异化对待不同水平的学生，并充分考虑学生的性别、年龄、生理特点、心理特点和体质状况等方面的差异。例如，男女学生在机能水平、身体形态、运动功能与运动素质等方面存在显著差异，因此体育教师在教学选择、教学设计和教学组织时应充分考虑性别差异。若体育教师忽视了这些方面，盲目进行教学，不仅难以实现增强学生体质的教学目的，还可能增加学生的安全风险。

从教学环境的层面来看，由于室外环境存在较多不可控因素，如空中的意外声响、马路上的汽车噪声等，体育课堂教学有时会选择在室内进行。此外，室外环境视野开阔，学生的注意力容易分散，且天气等不可控因素也会干扰教学过程。同时，体育教学对体育场地、器材设施和客观气候条件等方面有较高的要求。因此，体育教师在制订学年体育教学计划、课时计划，选择教材内容、实施教学方法时，应充分考虑上述影响因素，以提高体育教学效果和质量。此外，体育教师还应适度利用酷暑、严寒等自然条件，锻炼学生的环境适应能力。

（五）身体活动的频繁性

在体育教学活动的实施过程中，体育教师需频繁地进行运动项目的动作示范、技巧指导及反馈评估。这是因为身体知识的获取源于身体的持续实践，而学生要想学习并掌握运动技能，也必须进行反复的身体操作和演练。体育教学中的高频次活动，不仅有助于学生快速掌握运动技能，还能有效增强学生的身体素质和运动能力。通过反复练习和示范，学生能够在实践中巩固知识，提升运动技巧。

（六）学生身心合一的统一性

体育活动不仅改善学生的身体素质，还能够通过运动的过程提升心理素质，培养学生的自律性、抗压能力和团队精神，从而促进身心的全面协调发展。因此，体育教师可以创设生动的情境，为学生心理素质发展和社会适应能力的提高提供有利条件。

体育教学过程秉承辩证唯物论的观点，强调身心发展的统一性。身体发展是心理发展的基础，而心理发展又能在一定程度上促进身体发展。这种身心合一的统一性在体育教学中主要体现在以下三方面。

首先，体育教学内容注重培养学生的各种能力和素质，特别是心理适应与社会适应性，确保与社会学、心理学等学科的要求相契合。

其次，体育教师的教学方法和教学组织必须遵循学生的身心发展规律，在反复的动作练习与适当休息的交替过程中，实现学生的健身目标。当练习活动与休息在合理范围内交替进行时，学生的生理机能将呈现出波浪式的变化规律。

最后，体育教学需符合学生的年龄特征和心理特征。学生的心理活动曲线是起伏不定的，这种生理负荷、心理负荷的波浪式变化规律彰显了体育教学鲜明的节奏性以及学生身心发展的统一性与和谐性。因此，在安排教学方法和组织活动时，体育教师应充分考虑学生的心理特征，以提高学生的身体素质，有效激发学生的学习积极性，进而促进体育教学功能的充分发挥。

二、体育教学的功能

体育教学不仅具备与其他学科同样的教学功能，还具备其他学科所不具备的独特功能。总体而言，体育教学的功能主要体现在健身、健心、知识传承、技能发展等方面。

（一）健身功能

健身功能作为体育教学的核心基础功能，彰显了体育教学的本质特征。具体而言，体育教学的健身功能主要体现在以下几个方面。

1. 促进学生生长发育

身体是体育教学活动的直接承载者与受益者，体育教学能够有效促进学生的生长发育。相较于较少参与体育锻炼的学生，经常参加体育锻炼的学生其身体素质往往更强。持续的体育锻炼对于促进学生生长发育、提升健康水平具有显著效果。

2. 全面提高身体机能与体能

体育锻炼不仅能提高人体的各项机能，如新陈代谢、骨骼健康、心肺系统功能等，还能通过全面发展各项体能素质，提升学生的力量、速度、耐力、协调性、柔韧性、平衡感和灵敏度等。这些方面的提高有助于增强学生的身体素质，提高他们的运动能力和环境适应能力。

（二）健心功能

体育运动作为促进心理健康发展的有力途径，其健心功能主要表现在以下几方面。

1. 调节情绪，减轻心理压力

相关科学研究显示，适量的体育运动能促进内啡肽的分泌，进而对人的情绪状态产生积极的影响，因此内啡肽也被誉为“愉悦激素”。通过体育运动的刺激，这种“愉悦激素”得以分泌，使人们感受到轻松与愉悦，有效减轻和消除学习或生活中的压力。体育教学有助于学生排解学习上的紧张、焦虑等负面情绪，使他们在面对复杂多变的环境时，能够始终保持心理的稳定与健康。

2. 增强自我效能感

自我效能感，即个体对自己完成学习任务或工作任务的主观评估。简而言之，就是个体对自己能否运用自身能力成功完成某项任务的推测与判断。在体育运动的过程中，学生需要在心理和生理上克服困难、挑战自我，做到不退缩、不胆怯、不畏惧。通过体育运动中的成功体验，学生能在心理上获得一定程度的自我认知和肯定，从而实现自我效能感的提升。

3. 磨炼意志品质

在体育锻炼中，学生必须完成一定负荷量的动作或技能练习，且需要长期坚持和循环练习，而这一过程可以有效培养和提升学生的意志力。此外，体育运动及体育竞赛的相关规则和秩序，也有助于学生养成严格遵守纪律的良好习惯。这种规则感和秩序感一旦形成并固化为习惯和个人品质，就会对学生之后的工作和生活产生良好的影响。

4. 改善人际关系

大部分体育运动都强调群体性、合作性、对抗性，如篮球、足球、排球等。这些需要沟通和合作的体育运动，有利于增进学生之间的交流，拓展学生的人际交往空间，提升学生的人际交往能力，改善学生的人际关系。另外，当以集体形式开展体育运动时，学生在团体中会更加注重与其他成员的情感联络、协调合作、团结互助等，使自己得到更多人的认可，从而建立良好的人际关系。

（三）知识传承功能

教育是有组织、有计划、有目的的实践活动，是一种传授知识、技能、道德、精神、科学的行为。体育教学在这种广义的教育框架下，专注于身体知识的传播和技能的传承。体育教学的对象是学生，它是以身体活动为手段，提升学生的身体素质和心理健康水平的过程。从“教”与“学”的角度来看，体育教学更多的是一种“身体知识”的传承活动。体育知识的传承并非一蹴而就的，它经历了从生存技能到现代竞技技能的逐步演变。早在远古时代，人类通过抓捕猎物维持基本生存时，就已经形成和掌握了走、跑、跳、跃、投、滚等一系列动作，这些动作经过不断的演化和改造，逐渐形成了体育运动项目的雏形，如戏车、柔术、水球、赛马等。在现代社会，体育知识的传承已不仅是指某一具体运动项目的传承，同时还包括技能技巧、心理健康、意志品质等内容的传承，它可以使学生掌握更全面的体育知识，促进学生综合素质的培养和发展。

（四）技能发展功能

体育技能包括运动技能、心理素质和战术意识等。在远古时代，运动技能相当于生存技能，人们为了维持生存必须具备一定的运动技能。但随着社会的发展，运动的目的逐渐从生存转向了竞技与锻炼，体育教学也随之发生了变化。在现代体育中，运动技能主要强调技能技巧。技能和技巧不仅指运动中的操作技术，还包括动作的掌握、技巧的提升等。研究表明，通过适当的体育运动不仅可以有效提升身体素质，同时还可以有效培养技能技巧。

在体育教学中，体育教师教学活动的开展以教学内容为依据，并结合自身的教学经验向学生传授理论知识和技能技巧。其中，提升技能技巧是其教学的主要内容，体育教师要引导学生在不断的实践过程中长期反复练习并内化技能技巧。例如，在足球运动的传球技巧教学中，体育教师可以将传球技巧学习分为短距离传球学习和长距离传球学习两大方面，甚至可以细致到内脚背、外脚背、正脚背传球技巧学习。体育教学不仅帮助学生深入理解理论知识，还通过持续的身体练习，逐步在学生的大脑中形成对技术动作的正确反应，最终通过条件反射的形成，使学生能够迅速做出准确的动作，进而显著提升运动技能。

第四节　体育教学的规律与原则

一、体育教学的规律

（一）人体机能适应性规律

1. 体育教学中学生生理机能的变化规律

在体育教学中，学生的身体机能会经历不同的变化阶段。练习初期，机体需从静止状态克服生理惰性，各项生理机能从较低水平逐渐上升。随着运动持续进行，机体活动能力稳定在较高的波浪式范围，波动较小。运动一段时间后，机体感到疲劳，活动能力开始下降，最终恢复至静息状态。在整个运动过程中，机体活动能力经历上升、稳定和恢复三个阶段。因此，体育教学应依据机体活动能力的变化规律，合理安排教学内容、教学方法及运动负荷。

通过了解学生在运动中的生理机能变化规律，我们可以进一步探讨运动负荷与身体发育的关系。学生的身体发育遵循一定的规律，这主要由先天遗传因素决定。即便不参与体育活动，学生的身体也会自然成长，运动锻炼只是影响学生身体发育的外界因素之一。积极锻炼可促进身体发育，而缺乏运动则可能对身体产生不良影响。然而，运动对学生身体形态的具体影响尚未有确切的结论。运动过程中施加的运动负荷与学生身体变化之间并非一一对应关系，而是非线性关系，即适当的运动负荷可促进身体发育。

2. 体育教学内容对学生身体的差异化刺激规律

体育教学内容与运动负荷存在本质联系。运动负荷指人在运动时所承受的生理负担。在体育教学过程中，只有给予学生适量的运动负荷，才能引发身体的积极反应，取得良好的教学效果。不同的体育教学内容对应的运动负荷不同，对学生的影响也不同。例如，进行太极拳运动时心率变化较平缓，而 100 米快跑后心率会迅速升高。因此，体育教学内容与运动负荷直接相关，这是体育教学特有的规律。

在体育教学过程中，跑步、跳远等运动负荷较大，而掷实心球、体操等运动负荷相对较小。因此，安排体育教学内容时应高度重视其与运动负荷的关系，可交替安排大负荷和小负荷练习，以提高运动效果并避免疲劳。一般而言，学生取得最佳健身效果的心率区间为 120 次 / 分钟～ 140 次 / 分钟。

（二）动作形成规律

1. 粗略学习阶段

在生理上，新学的动作对于学生的机体而言是新异刺激，通过感受器传到大脑，引起大脑皮层中枢神经细胞的强烈兴奋。由于大脑皮层内抑制过程尚未建立，兴奋与抑制过程趋于扩散，导致形成的反射不稳定，出现泛化现象。外在表现为动作僵硬、不协调、不到位，常伴随错误和多余动作，节奏散乱。

在心理上，此阶段学生主要依赖视觉观察教师、优秀学生或教学媒体的演示，在头脑中形成运动表象。但因缺乏直观体验和感性认识，学生内心紧张，心理能量消耗大，运动表象时隐时现，动作显得呆板、不协调。

因此，该阶段的教学任务是帮助学生建立正确的动作表象和概念，排除杂念和错误动作。学生需多加练习，建立大脑皮层与肌肉系统的联系，形成稳定的条件反射。体育教师应了解学生的性格和运动水平，采用直观教学手段，进行简短生动的讲解和正确示范，引导学生集中思维，准确把握动作的意义、结构、要领和方法，并给予充分的练习时间。

2. 掌握分解动作阶段

从最初的动作僵硬和不协调，学生逐步进入对动作的分解和细节的掌握阶段，动作变得更具规律性，反射逐渐稳定。在生理上，随着学习的深入，学生大脑皮层运动区的兴奋与抑制过程在时空上开始分化，兴奋和抑制逐渐集中，抑制过程增强，特别是分化抑制得到发展，由泛化进入分化。第一、第二信号系统的相互作用加强，表现为逐渐掌握分解动作，多余动作减少，动作时机和节奏更符合要求。

在心理上，学生注意力的分配能力增强，整体感知开始分化，视觉、听觉、动觉共同作用。但条件反射仍不稳定，易受外界干扰，精神仍有些紧张，注意力范围较小，动作虽有改观但显得慌乱，衔接不连贯，易出错。

因此，此阶段的教学任务是缓解学生的紧张情绪，深化对分解动作的理解和掌握，加深理解动作结构的内在联系。体育教师应运用多种教学方法，让学生进行长时间重复练习，对比相近的分解动作，帮助学生纠正错误动作，把握重点和难点。按照完整动作要求，有节奏地组合练习分解动作，逐渐过渡到完整动作。

3. 掌握完整动作阶段

在生理上，通过反复练习，学生逐渐形成稳定的动作记忆和表象，形成动力定型。大脑皮层运动区的兴奋与抑制过程在时空上更加集中，有时能在脱离意识控制下完成动作。

在心理上，学生精神紧张程度降低，语言作用加强，注意力范围扩大。表现为完整动作协调、灵巧，无明显失误，动作矛盾与干扰减少，更加连贯，节奏性好。

对于步骤多、难度大的动作，不坚持练习不仅无法巩固动力定型，已形成的动作表象还可能逐渐消退。因此，此阶段的任务是要求学生在各种条件下继续练习，关注动作细节，加深理论及原理的理解与消化，结合实践掌握完整动作。

4. 动作自动化阶段

在生理上，经过不断巩固与发展后，学生会出现动作自动化现象。自动化是指在下意识情况下自动完成动作，即在大脑皮层兴奋度很低的情况下仍能完成动作。如骑车时车把的稳定、重心的移动、踏车的动作等都能通过下意识进行调整。

在心理上，此阶段学生无紧张情绪，注意力范围达到最大限度，运动感知对动作的控制调节占主导地位。表现为毫不费力地完成熟练、准确、飘逸、灵巧的动作。但动作自动化是在下意识情况下形成的，微小的误差可能不易被察觉，若重复多次被巩固下来，可能使动力定型变质。

因此，此阶段的教学任务是巩固发展已形成的动力定型，让学生轻松、熟练、灵活地完成动作，并在各种变化条件下自如运用。体育教师应继续要求学生强化练习，注意动作细节，并参与各种条件下的练习，不断巩固已形成的动力定型。

（三）体验运动乐趣规律

在体育教学中，培养学生的兴趣爱好与专项能力是重要的教学目标之一。为了实现这一目标，体育教师必须设法让学生在体育运动中感受到乐趣，从而激发他们的兴趣。体验运动的乐趣不仅能够促使学生积极学习运动技能，还能有效提升他们的体育水平。因此，体育教学过程应当遵循体验运动乐趣的相关规律。

学生在学习和掌握运动技能的过程中，体验运动乐趣的规律通常包含以下几个阶段。

首先，学生基于自身已有的技能水平开始学习新的运动技能，并在这个过程中体验到乐趣。

其次，为了掌握这些新技能，学生需要付出努力和汗水，不断挑战自我。在挑战的过程中，他们能够感受到乐趣和成就感。

最后，当学生掌握了新的运动技能后，他们应充分发挥自己的聪明才智和主观能动性，对技能进行创新。在创新的过程中，他们将体验到探索的乐趣。

二、体育教学的原则

（一）身心发展原则

身心发展原则是体育教学的重要指导方针，它强调在体育教学中不仅要促进学生的身体发展，还要关注其心理品质和社会适应能力的培养。在体育教学活动中，学生的身心发展是紧密相连、和谐统一的，身体的锻炼也深刻影响着他们的心理。

这一原则要求体育教师在教学实践中要全面考虑学生的身心发展特点。

第一，在制订体育教学工作计划时，要精心选择并合理搭配运动项目，确保学生在运动中获得足够的运动量，以促进其体能的发展。对于运动负荷较大的运动项目，要根据学生的年龄适量安排；对于运动强度不大的运动项目，可以搭配身体素质练习进行综合安排，以全面提升学生的体能。

第二，体育教师在开展体育实践课时，应加强对学生的健康教育，传授身体健康知识和科学锻炼身体的方法，引导学生正确认识健康的重要性，养成科学锻炼的习惯。同时，要鼓励学生在广泛学习运动技能的基础上，逐渐形成个人特长。

第三，体育教师在制订教学目标、安排教学任务时，要充分发挥体育教学的育人功能。要抓住每一个运动技能传授和竞赛参与的教育机会，培养学生的体育道德、体育精神。体育教学不仅要培养身体健壮的人才，更要培养心理健康、人际关系良好、愿意为国家发展做贡献的合格公民。

第四，体育教师在教学过程中要充分研究学生的心理特点，激发学生的积极性和主动性。教学方法和手段应多样化、灵活化，使学生在愉快的氛围中学习体育知识和技能、锻炼身体。合格的体育教师不仅要关注教材内容和学生身体发展情况，更要深入研究学生的心理特征，以做到有的放矢，促进学生身心和谐发展。

第五，在体育教学评价中，应全面考虑学生的身心发展情况。除了评价学生的身体素质和运动技能，还应关注其学习态度、人格素质等方面的表现。只有将教学预设与结果评价相结合，才能确保体育教学真正促进学生的身心和谐、全面发展。

（二）直观启发原则

直观启发原则指的是教师通过富有启发性和多样化的直观教学手段，帮助学生形成清晰的运动表象，进而提升他们的分析和概括等综合能力。虽然直观教学手段在其他学科中也有应用，但在体育教学中，其意义尤为特殊。体育教师不仅要传授体育知识，更要通过亲身示范等直观教学手段展示运动技能，让学生通过观察和模仿掌握运动技能。

要有效贯彻与运用直观启发原则，需遵循以下基本要求。

第一，体育教师必须熟练掌握运动技能，并具备高超的示范能力。运动技能的示范不仅是一种教学行为，更是在运动技能基础上发展起来的一种成熟的教学艺术。体育教师不仅要会做，更要会教。

第二，要充分发挥优秀学生的示范作用。在体育教学过程中，学生之间的观察、模仿和交流非常普遍。由于体育教师无法在课堂上对每个学生都进行一对一的细致指导，因此，培养优秀学生，让他们成为全班的榜样，对于提高直观教学效果至关重要。

第三，直观教学手段要多样化。体育教师应根据教学目标和学生的学习情况，通过动作示范、教具展示、幻灯片播放、视频播放等多种直观教学手段，激发学生的视觉、听觉等多感官体验。同时，还要不断探索和创新，尝试开发新的直观教学手段，以更好地达成教学目标。

第四，直观教学要注重启发性。体育教师不仅要让学生通过直观教学掌握运动技能，更要激发他们的主观能动性，引导他们主动思考、反复练习。在直观教学过程中，体育教师应联系学生的生活经验，引导他们正确理解运动技能，有的放矢地进行指导。

第五，要处理好直观教学、思维活动与练习的关系。直观教学是动作练习的基础，思维活动是学会运动技能的核心，练习则是巩固和提高技能的关键。只有三者紧密结合，才能充分发挥直观启发原则的作用。没有直观教学，学生就难以理解运动技能；没有思维活动，直观教学就失去了意义；没有练习，学生就无法真正掌握运动技能。

（三）循序渐进原则

循序渐进原则在体育教学中指的是，教学目标的设定、教学内容的选择、教学方法的运用以及教学手段的安排都应系统、整体、连贯，要贴合学生的年龄特征和基础能力，同时兼顾学生的个体差异，以更有效地达成教学目标。体育教学必须遵循从简至繁、由易到难、由浅入深的原则，确保学生的知识和技能能够稳步提升。

要有效贯彻与运用循序渐进原则，需满足以下基本要求。

首先，要深入了解学生身心发展的规律和特点。学生是教学的主体，其个人特点是教学的基础。体育教师需细致分析学生各阶段的身心发展特征，为循序渐进地设计体育教学各环节提供依据。

其次，要认真钻研教材，把握教材的内外部系统性。体育教师要深入分析教材内部的特点，如教材单元的课时安排、重难点等。教材是师生间的桥梁，体育教师还需将教材内容与实际教学情况相结合，分析它们的相通之处与差异，从而在教学计划中合理使用教材。

再次，教学设计应具备层次性和连贯性。体育教师需根据学生的特点和教材的内外部特点来设计教学。教学设计不仅涉及具体的教学方案，还包括单元教学计划、学期教学计划、学年教学计划等。体育教师应注重各类教学计划之间的关联性，确保教学计划的层次性，保证教学内容的连贯性与递进性，使运动项目的教学安排遵循循序渐进的原则，符合教学的客观规律及要求。

最后，在安排运动负荷时，要合理控制节奏。学生的体能发展和身心发展呈波浪形态势，体育教师在安排各项运动的运动负荷时，需把握好节奏，既要确保学生的机体得到足够的刺激，又要防止过度疲劳对学生的身体造成伤害。

（四）自觉积极原则

自觉积极原则强调在体育教师的主导下，充分激发学生的自觉积极性，发挥学生的主体作用，培养他们的主动性和创造性，使认真完成学习任务成为学生自觉的行动。这一原则根植于教与学双边活动过程的教学规律之中。

在体育教学过程中，师生关系构成了一对基本矛盾，其中体育教师处于主导地位。体育教师作为教育者，掌握着丰富的体育知识、技术和经验，是满足学生学习需求的关键。在教学计划的实施过程中，体育教师不仅负责制订和执行计划，还负责调节和控制教学过程。学生是教学的对象，是知识和技术的接收者，也是学习的主体。然而，学生的自觉积极性并非完全自发的，体育教师的引导和支持能够创造条件，使这种内在动力得以激发和持续发展。

要有效贯彻和运用自觉积极原则，体育教师需要做到以下几点。

第一，要了解和熟悉学生，包括他们的爱好、需求、擅长之处以及困难和不足等，这是开展体育教学工作的前提。体育教师要主动关心学生，与学生建立相互信赖的关系，才能真正做到“知人知面又知心”。

第二，体育教师要充分发挥主导作用。学生的自觉积极性需要通过一系列细致的工作才能充分调动起来。体育教师要通过讲解、示范、组织教学等手段，引导学生投入所学内容中，并为学生创造良好的条件，使外因能顺利转化为内因，从而充分调动学生的自觉积极性。

第三，建立民主平等、情感融洽的师生关系也至关重要。体育教师既要对学生严格要求，又要给予他们关心和信任，使师生关系和谐融洽。这种良好的人际关系有助于学生积极参与体育教学。

第四，体育教师还应注重培养学生学习的内在动力。内在动力是鼓舞和推动学生学习的内驱力。体育教师应提高体育教学的艺术性和启发性，培养学生正确的学习动机和兴趣。体育教师可以通过激发学生对运动的兴趣、设计富有挑战性的活动、设置合理的目标和奖励机制等方式，逐步提高学生对体育活动的认同感和积极性。

第五，体育教师要培养学生自学、自练和自评的能力。这些能力是养成学生经常参加体育锻炼习惯、培养终身体育锻炼意识的重要基础。体育教师应鼓励学生进行自我评估，通过录制自己的运动视频或写运动日志等方式，帮助学生反思自身的进步与不足。同时，体育教师可以提供个性化反馈，引导学生主动设定训练目标并自主调整训练方法。

（五）精讲多练原则

精讲多练是体育教学的基本原则之一，且颇具特殊性。这一原则强调“精讲”与“多练”的有机结合。

“精讲”指的是体育教师在充分了解学生和深入钻研教材的基础上，以精练的语言清晰完整地阐述体育教学的主要内容、特点、动作技术要领。“精讲”是“多练”的基础，只有做到“精讲”，学生才能在较短时间内理解所学内容，从而留出更多时间进行实践练习。

要实现“精讲”，首先教学内容必须精要，体育教师的讲解语言要紧扣教学目的及要求，突出教学重点与难点，做到少而精。其次，讲解方法要恰当，既要体现教学要求，又要符合学生的实际水平。体育教师要根据教材内容的难易程度，并针对不同学生的特点选择适合的讲解方法。此外，讲解语言要精练生动，易于理解，能激发学生的思维与想象力。体育教师需特别注意语言运用的技巧，如语调、语气、语速的合理把握，以营造良好的课堂气氛，进而提升教学效果。

“多练”则强调学生在体育教师的指导下，充分利用时间，争取更多机会参与体育活动。为实现这一目标，练习方式应多样化，包括重复练习、间隙练习、变换练习、游戏练习、改变条件练习、循环练习等，以让学生有更多机会掌握运动技能，实现运动目标。然而，这些练习方法需因人而异，做到差异化对待。

在“多练”的过程中，学生应逐步提高适应能力，分析每次练习的情况，及时思考与总结，以提高练习质量。同时，学生要养成主动思考的好习惯，并在体育教师的点拨与指导下进行练习。体育教师的点拨可以帮助学生更快地找到方法和方向，掌握技术动作。因此，学生需在“多练”环节积极动脑，勤于反思；体育教师则需发挥指导点拨的作用，及时给予学生适当的反馈。通过师生之间的互动，使“多练”产生更好的效果。

（六）差异化对待原则

差异化对待原则强调在体育教学中应根据学生的不同特征实施差异化教学，让每个学生都能找到适合自己的发展路径，从而促进学生运动能力的提高。考虑到学生在性别、年龄、生理特点、心理素质及运动能力等方面的差异，体育教学必须遵循差异化对待原则。

要有效贯彻与运用这一原则，需满足以下基本要求。

首先，体育教师需深入了解班级的课堂教学氛围。课堂教学氛围对教学效果具有显著影响。在接手新班级时，体育教师应积极与班主任沟通，了解学生的个人情况，并在教学初期仔细观察学生的语言与行为反应，这有助于营造良好的班级氛围。对于已有一段教学经验的班级，体育教师应积极收集学生对课堂教学的反馈意见，及时调整教学计划，以赢得学生的信任，进而改善课堂气氛，提高体育教学效果。

其次，体育教师要根据学生的个性特点实施差异化教学。虽然不可能为每个学生提供完全个性化的教学，但体育教师应善于分析学生的共性，并在此基础上对处于“两个极端”的学生采取差异化教学策略。要确保优秀学生能够持续进步，中等学生稳步提高，而基础较弱的学生也能迎头赶上，从而让所有学生都能在体育运动中找到自信与乐趣。

最后，体育教师应对特殊学生给予特殊指导。对于运动基础较差的学生，体育教师应根据他们的实际情况设计适当的教学内容和方法，进行个别指导，并提出适当的要求，帮助他们在能力所及的范围内提升自我。

（七）巩固提高原则

在体育教学的实践中，巩固提高原则处于举足轻重的地位。该原则强调，学生需扎实掌握所学的基础知识、基本技术与技能，并通过持续发展的方式增强体能和体质，实现逐步提升的目标。此原则根植于运动条件反射的建立与消退这一生理规律之中，因为动作技术和技能的掌握与巩固正是通过不断反复的练习得以实现的。反复练习能够促进运动条件反射的建立，并在大脑皮层中形成稳固的动力定型。

要有效贯彻与运用巩固提高原则，需满足以下基本要求。

第一，组织学生进行反复且持续的练习是实施该原则的基础方法。通过增加练习密度和反复强化的手段，学生可以不断巩固运动条件反射。在每堂体育课中，应确保学生拥有足够的练习时间与重复次数。然而，反复练习并非简单、机械的重复，而是在原有基础上逐步提高要求，纠正动作中的瑕疵与错误。当学生看到自己的进步时，会激发他们自觉进行反复练习的动力，从而有效地巩固所学的知识并提高运动技能。

第二，采用提问、测验、竞赛等多种方式，是贯彻巩固提高原则的有效途径。这些方式的运用应紧密围绕课程目标与要求展开。提问应具有启发性，能够引导学生深入思考。在阶段性教学结束时，可通过竞赛的方式了解学生在复杂多变的条件下运用所学体育知识、技术、技能的熟练程度与灵活性。

第三，改变练习条件对巩固提高体育基本技术和技能具有显著效果。这可以通过调整场地、器材、动作结构以及环境条件等方面实现，如将平地跑转变为斜坡跑，调整器械的重量和动作的组合等。通过改变练习条件，可以帮助学生更好地适应不同的运动环境，提高技术的泛化能力。

第四，课内外结合也是巩固提高的重要策略。在课堂教学的基础上，体育教师可以合理布置课外体育作业，使课内外教学紧密衔接、相互补充，共同促进学生体育运动技能的巩固与提高。通过课内外结合，学生可以将所学的体育知识、技术、技能更好地融入日常生活中，形成良好的体育运动习惯。

第五，不断设定新的学习目标并培养学生的兴趣和进取动力也是巩固提高原则的重要方面。通过设定新的学习目标，可以激发学生的学习兴趣和内在动力，推动他们不断追求进步和提高。

（八）负荷适量原则

负荷适量原则在体育教学中指的是，根据学生的个性特点，合理安排生理和心理负荷，并恰当地把握练习与休息的交替，以促进学生的身心健康。运动负荷是衡量运动效果的重要指标，学生不同的生长发育阶段的生理机能存在一定的极限。如果练习中生理和心理负荷超出极限，会对身体造成伤害；而负荷不足则无法激发身体机能，达不到提高体能的目的。同时，练习过程中的适当间歇也至关重要，它对调节课堂节奏、消除疲劳、提高学习效率具有重要作用。

要有效贯彻与运用负荷适量原则，需满足以下基本要求。

第一，体育教师应深入探究并熟练掌握运动负荷与身心发展之间的内在关系。在职前教育阶段，教师应系统学习体育生理学、心理学的基础理论，并在后续的教学实践中灵活运用这些理论，以有效促进学生身心的全面发展。

第二，教师在制订教学计划时，应科学合理地安排运动负荷。在规划学习进程时，需综合考虑运动负荷的量度与分布，依据学生的年龄特征、身体状况以及教学的季节性特点，恰当地搭配教材内容与运动负荷。在编制学期教学计划时，应根据教材各单元的特点，精心安排各单元的运动负荷。在撰写教案时，应设计多种方案，使运动与休息交替进行，同时充分考虑季节、场地、器材等实际因素。

第三，体育教师应遵循适应性规律，适时调整运动负荷。运动负荷不应一成不变，而应随着学生体能水平的提升而逐步增加。因此，在安排教学计划时，既要确保运动负荷的合理性，又要关注运动负荷在各个时期的变化节奏，以对学生的身体产生适度的刺激，促进体能的稳步发展。

第四，合理安排积极性休息同样至关重要。学生体能的发展不仅取决于运动负荷的总量和强度，还依赖于合理的间歇时间和休息方式。休息的时间、方式与次数应依据学生的身体状况来确定，同时兼顾学生的心理和生理需求。

第五，体育教师应根据课型、教材内容以及学生的个体差异，精心安排运动负荷。由于学生的身体机能存在差异，相同的负荷对不同学生可能产生不同的效果。因此，在教学中不能仅凭表面数据衡量运动负荷的大小，而应根据学生身体的实际变化情况，及时调整和优化运动负荷。

（九）安全卫生原则

安全卫生原则强调，体育教师在规划及执行教学流程的每个环节时，务必持续关注学生的运动安全与卫生状况。体育教学活动本身存在多种潜在的安全与卫生风险，因此，采取有效的预防措施，最大限度地减少不必要的伤害，确保学生在一个安全、卫生的环境中开展体育活动，显得至关重要。

要有效贯彻与运用安全卫生原则，需遵循以下基本要求。

首先，树立“健康第一，安全第一”的教学思想。体育课的安全问题一直是学校、教师、家长关注的重点。尽管近年来各方对安全问题高度重视，但体育教学中仍偶有事故发生，无法做到完全杜绝。因此，体育教师必须做好各项安全预防工作，将“安全第一”的教学理念贯穿于整个教学过程中，充分重视学生的安全与健康问题。

其次，加强体育教学中的安全防范措施。体育教师应提前到达教学场地，准备好所需器材，展现出负责任的态度。同时，要仔细检查体育器材，特别是那些容易对学生造成伤害的器材，如双杠、单杠等。此外，还应指导学生做好课前准备活动，养成认真充分准备的好习惯，并结合教材内容进行专项准备，使身体各关节、肌肉得到充分伸展。在体育课中，体育教师还要教会学生各种体育运动项目的自我保护方法，指导学生根据自身水平与能力参加适合的体育运动，避免因超越身体极限而导致受伤。

再次，遵循体育教学的规律。在体育教学中，体育教师有时会因为担心安全问题而降低教学内容的难度，导致一些富有挑战性的运动项目被忽视。然而，选择难度适中的教材对于体育文化的传承和学生的快乐体验至关重要。因此，体育教师应避免单纯追求“安全第一”而忽视运动项目的挑战性，在选择运动项目时要确保既具有一定难度，又能激发学生的兴趣和积极性。

最后，关注体育教学过程中的卫生问题。随着学校运动场所和设施的完善，学生在参与体育活动时更需注意运动时间、强度、衣物增减等问题，以避免对身体造成伤害。同时，运动建筑和设施的卫生问题也不容忽视，如运动环境的通风、采暖、降温、采光、照明等设施以及游泳池池水的卫生状况等，这些都直接影响学生的身体健康。此外，学生还应注意运动前的营养补充、饭后不宜剧烈运动、运动后适量饮水等卫生习惯。这些问题都是青少年卫生健康的重要组成部分，应在体育教学过程中给予充分关注。

第二章　高校体育教学改革的背景与问题

学校的体育教育被广泛认为是培养学生全面发展和健康成长的重要途径之一。然而，高校体育教学一直面临着一系列的挑战和改革需求。传统的高校体育教学往往注重学生的体育素质训练，忽视了对学生综合素质的培养。而随着社会的发展，高校毕业生的就业压力越来越大，企业对毕业生综合能力的要求也日益提高。因此，高校体育教学改革迫在眉睫。对此，我们要准确认识高校体育教学改革的背景与问题，实现高校体育教学水平的全面提升。基于此，本章围绕着高校体育教学改革的背景、高校体育教学改革的问题展开研究。

第一节　高校体育教学改革的背景

一、国际背景

一个国家或地区将教育作为最重要的公益事业来建设，目的是让人的个性得到充分发展，推动社会进步，并促进国家或地区的繁荣昌盛。课程是组织教育教学活动的主要依据，在教育中居于核心地位。只有把教育教学课程改革与国家、民族所处的大环境结合起来，才能更深刻地理解高校体育教学改革的必要性。

（一）严峻的国际竞争形势

当前，全球各国为了谋求生存与发展，纷纷提升自身的综合国力。党和国家审时度势，提出了科教兴国战略。实施科教兴国战略，要求高校体育必须顺应素质教育的要求，与《全民健身计划纲要》紧密结合。基于此，21 世纪，我国必须加强依法治教，加大高校体育场馆的建设力度，提高经费投入，增强高校体育教师的整体素质，并充分发掘高校体育教师的人才资源优势。同时，还需改革教学内容，适当增加体育理论及实践课的课时，不断提高大学生的竞技运动水平。

（二）人才竞争凸显

当今世界竞争的实质是科技力量的较量，而科技竞争的根源在于人才与教育的竞争。人才资源被视为国家最宝贵的资源，各国都致力于将自身打造成人力资源强国。谁能培育并吸引更多杰出的人才，同时合理且高效地利用这些人才，谁便能在激烈的竞争中脱颖而出，占据有利位置。人力资源是生产力的核心要素，无论是通过扩大要素规模还是提升要素质量来推动经济增长，都离不开人力资源的开发与利用。

对我国而言，要在国际竞争中实现民族振兴，就必须坚定不移地实施人才强国战略。教育在这一过程中扮演着双重角色：一方面，它要为专业人才的成长提供坚实的保障；另一方面，它还要肩负起民族振兴与国家复兴的历史使命。面对21世纪日益激烈的人才竞争，高校体育教学必须致力于培养具有创新精神的人才。高校体育教师应当致力于营造一个充满创新氛围的教学环境，激发学生的主动创新意识，促进学生的个性化发展。

二、社会背景

在现代高校体育教学不断发展和革新过程中，社会的不断进步是其重要的现实背景。具体来说，高校体育教学发展的社会背景主要通过以下几方面体现出来。

（一）体育教学受到更多关注

自20世纪60年代至70年代起，体育教学越来越受到重视，尤其是高校体育教学。人们逐渐认识到，高校体育教师应负责体育教学实践的安排和实施，并且还要不断地修正和反思其教学行为，以促使高校体育教学能够始终坚持正确的方向，最大限度地减少教学中的负面影响。这种责任的落实，促使高校体育教学受到更高的重视，在一定程度上也促使高校体育教学提高了教学效果。

（二）体育设施逐步改善

自改革开放以来，我国社会经济飞速发展，为高校体育教学奠定了坚实的经济基础。

当前，我国在高校体育设施建设上的投入力度持续加大，将更多资金投入体育场馆的修建和体育设施的完善中。这一举措有效地改善了体育器材不足和运动场地紧张的问题，极大地丰富了高校体育教学的内容，使其得以更加全面和完善。

（三）体育事业不断发展

体育事业的发展与高校体育教学的改革紧密相连，二者相互促进，共同推动体育事业的进步。高校体育教学的有效开展为体育事业源源不断地输送优秀人才，为体育事业的蓬勃发展提供坚实的人才支撑。同时，体育事业的繁荣也营造了浓厚的运动氛围，这种氛围又促进了高校体育的可持续发展，从而形成了良性循环。

自 20 世纪 80 年代以来，随着我国政治和经济政策的转变，体育事业逐渐走出低谷，竞技体育崭露头角，群众体育也得到了大力发展。《全民健身计划纲要》的提出，明确了全民健身的目标和重点，为高校体育的发展提供了有力支持。《全民健身计划纲要》特别关注儿童和青少年体育运动情况，并要求创造有利条件，解决高校体育中的场地、经费、师资等问题，为高校体育的改革和发展提供了坚实后盾。

2008 年北京奥运会的成功举办，不仅极大地推动了我国体育事业的发展，还激发了国民对体育的热情，促进了更多人参与到体育运动中。随着我国经济的蓬勃发展，体育产业也呈现出快速发展的态势，对体育人才的需求进一步扩大。这一趋势促使我国体育教学不断深化改革，以满足体育事业发展的需求。在多种因素的共同作用下，我国体育教学和体育事业均取得了显著进步，为体育事业的持续繁荣与发展奠定了基础。

（四）体育教学因社会新问题的出现获得新发展

1. 社会“文明病”的出现

当下，随着物质文明的飞速发展，现代社会的文明成果在带给人们舒适与享受的同时，也在一定程度上对人类的身心健康构成了潜在威胁。

例如，随着社会生活水平的提升，人们的日常饮食选择愈加丰富，然而，过量摄入高蛋白和糖类物质无形中提高了冠心病、糖尿病等疾病的发病风险。同时，社会生产力水平的提升使传统的体力劳动模式发生了翻天覆地的变化，体力活动大幅减少，导致许多人难以通过日常劳作获得足够的身体锻炼，进而使得人们的整体身体健康水平呈现不断下降的趋势。

这些“文明病”的出现，加上人们健康意识的日益增强，越来越多的人开始认识到高校体育教学的重要性，高校体育教学肩负的任务也因此变得愈发重要。

2. 人们的心理压力不断增大

在自然界中，优胜劣汰是恒久不变的法则，这一规律也深刻影响了社会的发展。随着社会竞争的加剧、生活节奏的加快，人们承受的心理压力不断增加。尤其是现代学生，面临来自家庭、社会和学校的多重压力，心理压力越来越大，导致部分学生出现了不同程度的心理障碍，表现为情绪失控、性格孤僻、意志脆弱等。

参与体育运动是缓解心理压力的有效途径。因此，高校体育教学的稳步发展，不仅能在一定程度上缓解大学生的心理问题，还能提升大学生的心理健康水平。

三、教育背景

（一）国家不断推动教育事业的发展

教育事业在我国各项事业中处于举足轻重的地位，对于提升综合国力和促进未来发展具有深远意义。为确保教育事业的稳健发展，我国采取了一系列有效措施。

《中国教育改革和发展纲要》明确指出，要进一步转变教育思想，改革教学内容和教学方法，克服学校教育不同程度存在的脱离经济建设和社会发展需要的现象。这一纲要是 20 世纪 90 年代乃至 21 世纪初教育改革和发展的蓝图，为教育事业的发展指明了方向。

《学校体育工作条例》《“健康中国 2030”规划纲要》等政策文件明确提出，要加强学校体育工作，关注学生的身心健康，推动体教融合。这些政策的出台，不仅促进了学校教育全面发展的转型，也为高校体育教学的发展提供了策略依据。

在高校体育教学发展方面，我们坚持以全面提高学生的综合素质为前提，以学生为主体，推动学生全面发展。同时，高度重视体育卫生工作，鼓励学生家长和社会积极参与学生体质健康提升活动，为学生的健康成长创造良好的环境。

健康是青少年为国家和人民服务的基本前提，是中华民族旺盛生命力的体现。因此，学校要确保学生有足够的课外体育活动时间，严禁随意占用学生的体育活动场所和时间。

国家推动教育事业发展措施的实施，不仅有效推动了我国教育事业的发展，也为体育教学的改革和发展提供了有力支撑。在此背景下，体育教学作为素质教育改革的重要组成部分，受到了社会各界的广泛关注。

在教育大环境的推动下，体育教学在工作形式、教学理念和教学内容等方面取得了重大突破，体育教学工作的开展更加规范有序。这为体育教学的发展注入了新的活力，提供了更加强劲的推动力。

（二）新生事物促使教育改革发展

教育的改革和发展是一个持续不断的过程，期间涌现出许多新的教学方法、教学思想、教学设施以及课程计划等内容。对于这些新生事物，教师需要积极学习和掌握。

面对这些新兴教育元素，教师首先需要持续更新自身的知识结构，不仅要从情感和技能上适应这些新生事物，还要加强自身的专业知识储备和能力提升。同时，教师还应积极探讨这些新生事物，并做出科学合理的评价。教师只有及时跟上教育领域的最新动态，并做出相应的调整，才能更好地应对教育改革带来的挑战。

（三）自主权为教学提供现实基础

学校和教师在应对课程问题上扮演着重要角色且拥有更多的自主权，这在现代教育改革中处于关键地位。

教师的自主权为他们进行教学研究提供了重要的现实基础。教师可以根据学生的需求和特点灵活调整和创新教学方法，推动教育质量的提高。

（四）专业化促进教育质量提高

近年来，教学专业化问题在教育界受到较多的关注和重视。尽管对这一问题存在不同的看法，但大多数人逐渐认同，专业化水平并不是评价教师的唯一标准，但它在很大程度上体现了教师是一个理性和独立的教育者，而不是单纯的教学任务执行者。教师对教育情境、教育过程、教育结果的深入理解和把握，是其专业化的重要体现。

每位教师都有自己实现专业化的途径，并且各不相同，而这些途径的多样性也正是教育发展的动力之一。通过对教育教学的深入研究和反思，教师能够不断提升自己的专业能力，这不仅使他们在教育过程中更加成熟，也促进了教育质量的提高。

通过上述对国际背景、社会背景、教育背景的分析可知，我国高校体育教学的发展有着独特的现实背景。所以，只有持续推进高校体育教学改革，促使体育教学不断发展，才能最大限度地发挥体育教学的作用。

第二节　高校体育教学改革的问题

我国体育教学改革始于20世纪80年代后期。经过多年发展，高校体育教学改革已经从最初的教学方法和组织形式的改变逐渐深入指导思想、教育观念等核心领域。尽管在课程设置、教学内容、教学目标、教学方法等方面已有不少有价值的研究成果，但改革还没有完全摆脱传统教育思想的影响，改革的效果也需要用科学的标准来进一步评估。具体来说，高校体育教学改革存在的问题主要有以下几方面。

一、学校方面

（一）对体育教学及促进学生全面发展价值的认识不足

当前，部分高校在体育教学工作中存在着“口头上重视，实际上轻视”的现象。学校往往将重心放在招生、就业、专业排名、学科建设、科研经费及项目等核心指标上，而将体育当作非主流学科。

近年来，青少年近视、肥胖等体质健康问题备受关注。党中央、国务院明确要求全面加强和改进新时代高校体育工作，教育部也采取了一系列强化措施。在这样的背景下，虽然部分高校的体育工作得到了重视和加强，但仍有部分高校将这些措施视为负担，采取回避、应付、观望的态度，导致措施并未真正落地生根。造成这一现状的根源在于高校对体育教学及促进学生全面发展价值的认识不足。

高校体育部门作为推动体育教学工作的中坚力量，其管理人员的素质、认知水平和责任心是决定工作成效的关键因素。目前，部分高校的体育管理人员缺乏进取心，满足于完成基本教学任务，避免学生出现重大伤害事故，对上级要求敷衍了事。他们缺乏从国家层面思考体育教学对培养全面发展人才重要性的意识，也缺乏主动改变体育教学现状的勇气和决心。

部分高校领导层及相关职能部门管理者将体育视为学生课余闲暇时的娱乐活动，认为只要不影响学校的主要工作，便给予一定的支持。然而，一旦体育工作与学校的其他工作发生冲突，他们往往会首先反对体育工作，甚至将体育方面的举措视为多余和添乱。产生这一现象的根源在于部分高校领导层及相关职能部门管理者对体育教学工作的认知不足。由于部分高校领导层及相关职能部门管理者对体育教学工作存在认知缺失，深化体育教学改革将面临重重阻力。因此，解决这一认知问题是高校体育教学改革中的关键难题。

（二）没有充分体现学生的主体性

在体育教学过程中，学生的主体性主要体现在两方面：其一，学生的实际需求和期望为教学活动指明了方向；其二，学生在教学过程中的主动参与意识和独立自主能力得到了有效增强。

我们一直倡导教育方式变革，强调素质教育应居于主导地位，而应试教育则需逐步弱化。然而，这一理念有时未能真正融入教学实践之中，导致高校体育教学在对学生主体性的认识上存在明显不足。从体育理论层面来看，教学理念未能及时更新，依旧沿用传统、缺乏新意的教学方法，使学生只能被动地接受知识。从运动教学的实践层面来看，尽管部分学校尝试对教学模式进行创新，如推行小群体教学、俱乐部式教学等新形式，以期对教学方法进行改进和完善，但由于思想观念相对保守，对教学本质、教学内容以及教学需求的把握不够深入透彻，这些新形式往往只是浮于表面，未能真正落实“学生主体地位”的教学理念。

因此，在体育教学中，我们应充分尊重学生的主体地位，培养既具备专业技能又具有文化素养的高素质人才，将终身体育、健康体育作为教学的核心，同时注重教学方法的多样化和创新性。

（三）对教学考评的实质认识不足

教学考评作为客观评估教学效果的重要手段，其现实性和必要性不容忽视。体育教学作为一门严谨、科学的学科，其教学成果同样需要经过严格的考评来验证。然而，现实中，体育教学的考评工作往往因对教学考评的本质认识不足而面临许多困难，导致教学效果未能得到科学评估，阻碍了体育教学的整体发展。

（四）未创设积极的教学氛围

受传统体育教学思想和习惯的影响，部分高校的体育教学仍然较为重视教学组织和纪律，强调“教”的合理性、合法性和“学习”的有序性、统一性等。尽管这种教学方式严谨而规范，但也容易在一定程度上造成紧张的氛围。

新时代的高校体育教学应当关注人的社会属性和自然属性。但是，体育作为教育的一部分，其根本属性是教育性，这一认识对高校体育教学产生了较大的影响。高校体育教学往往更多关注人的社会属性，强调体育的社会功能和政治功能。这种片面理解导致忽视了学生的自然属性，进而导致对创设积极的教学氛围的认知不足。因此，创设积极的教学氛围是体育教学改革中应该重点关注的内容。

（五）体育教学组织机械化

某些高校的体育教学依然沿用“以课堂为中心、以教师为主导”的传统教学模式，教学过程多采用“命令式、模仿式、检查式”的固定流程，很少给予学生自主学习的机会。这种教学模式强调命令的服从与纪律的遵守，与体育运动的本质特征相去甚远。在实施体育教学时，也有一些高校仍未摆脱中小学体育教学的框架束缚，未能根据大学生的实际需求和大学教育的特点，对体育课程进行改革与创新。

（六）体育教材不完善

部分高校仍然沿用竞技运动教材体系，该体系强调技术规范化，并在此基础上发展应用能力。在教学策略上，坚持竞技运动标准，强调通过技战术分解来提高运动技能，追求优异的运动成绩。然而，这一教材体系需要一个长期的系统学习过程才能完成，其内容与高校体育的指导思想、教学目标及培养对象不能完全契合，且缺乏科学性、健身性及实效性，导致学生的学习难度较大，易产生厌学情绪。

此外，部分高校体育教材体系中的理论知识教学被忽视，学生对身体锻炼的原理与方法、体育卫生保健知识、运动处方、养生理论、体质健康测量与评价等缺乏了解。缺乏丰富的体育科学知识指导，学生难以调整自己的运动方式，影响了体育意识和体育文化素养的培养。

（七）体育教学课程结构单一

部分高校的体育教学常常被局限于每周两学时的体育课，这显然无法实现学校体育教学的目的，也违背了学生身心发展的规律和原则。高校体育教学要突破单一课程结构，形成多层次、多元化的课程体系，以满足学生不同形式、不同程度的需求。

（八）可选体育运动项目偏少

在高校体育教学体系中，体育课分为必修和选修两种类型。然而，选修课的部分运动项目因选课学生过多，导致师生比例失调。当学生无法选到自己心仪的运动项目时，其学习效果自然会受到不利影响。高校应努力拓展运动项目的种类，以满足学生多样化的学习需求。

部分高校开设的体育课程受制于场地设施和体育教师资源等因素，学生可选的体育运动项目相对较少。在已开设的课程中，多数为传统且常见的运动项目，而一些新兴体育项目则未被引入，无法满足学生对新鲜、刺激体育活动的需求。这导致部分学生无法全身心地投入体育课程的学习中。

（九）体育场馆及设施建设不够完善

相较于中小学，高校体育场馆及设施条件较为优越。随着各地大学新校区及大学城的不断建设，体育场馆及设施建设水平得到了显著提高，运动场地平均面积明显增大，基本满足了运动需求。然而，高校体育场馆及设施建设与学生参与体育锻炼的实际需求仍存在一些差距，主要表现在以下几方面。

首先，从整体情况来看，随着高等教育的普及，高校学生人数不断增加，学校在扩建和改建过程中，由于经费紧张，往往优先考虑教学楼、实验楼等教学设施的建设，而忽视了体育场馆及设施的建设。尽管我国早已出台《普通高等学校体育场馆设施、器材配备目录》，但部分高校仍无法达到其中的要求，如室外游泳池的配备就普遍缺失。同时，学生体育需求多样化，现有体育场馆及设施仅能满足基本体育项目开展的要求，像攀岩、轮滑、游泳等项目，大部分学校尚不具备开展的条件，甚至足球等项目，一些高校也缺乏专门的教学场地。因此，我国体育教学的场馆及设施建设整体上仍不够完善。

其次，一些高校缺乏室内运动场地，室内与室外运动场地数量悬殊。在风雨天气或阳光强烈的夏日，学生无法进行正常的体育课和体育锻炼，特别是女生更倾向于在室内参与体育活动，但室内场馆的不足降低了学生参加体育锻炼的热情，也限制了校园体育活动的开展。

再者，场馆及设施建设的品质有待提升。部分高校的室外运动场地，如篮球场、足球场、网球场等条件简陋，不符合运动要求，存在安全隐患。

最后，场馆及设施的使用管理存在问题。部分学生在参加体育活动时会遇到等待时间较长的问题，有的学生为了确保有活动场地或设施，会找其他同学帮忙排队占位，造成体育资源的变相浪费。因此，高校体育场馆管理中心需要提高智能化程度，为学生提供预约服务，提高体育设施的利用效率。

（十）学校体育法律保障制度不完善

当前，我国高校体育工作中面临着一些难以回避且需依法解决的矛盾，如校园运动伤害、运动猝死等引发的纠纷。法制是治国理政、治校管理的根本保障，完善的法治建设对于推动高校体育教学工作的顺利开展和深化体育教学改革具有至关重要的作用，能够确保各项工作有法可依。然而，目前我国涉及学校体育，尤其是高校体育方面的法律法规尚显不足。

首先，学校体育立法数量明显偏少。除了《中华人民共和国宪法》《中华人民共和国体育法》《中华人民共和国教育法》等法律，其余相关规定多以通知、指示等形式存在，缺乏法律效力。一旦在执行过程中遇到无法解决的法律纠纷时，这些通知、指示的效力将大打折扣，无疑会给高校体育工作的开展带来阻碍。

其次，法律存在空白，立法相对滞后。特别是在体育教学风险的界定和规避方面，立法几乎处于空白状态。这导致某些学校为了规避事故责任，删减了一些具有潜在风险的体育教学内容，对体育教学的正常开展造成了不利影响。

（十一）教育行政主管部门的相关投入较少

尽管我国体育教学起步较早，但在一些地方，尤其是西部地区，体育教学的投入仍显不足。随着我国高校体育教学的需求不断增加，国家和地方政府应进一步增加对体育设施建设的资金支持，确保设施的质量和数量能够满足学生的需求。

二、师生方面

（一）教师方面的问题

1. 体育师资力量不足

随着我国高校扩招，学生数量不断增加，体育课程在开设过程中面临师资力量不足的问题。这主要是因为高校在招聘体育教师时，对运动技能和学历都有较高的要求。尽管专业运动员或退役职业运动员虽运动技能高超，但学历达标者不多；而普通高校毕业的体育学硕士生或博士生，运动技能往往难以满足教学需求。目前，我国有 3000 多所高校，对体育教师的需求量庞大，而现阶段体育师资力量明显不足。

2. 体育教学目标不明确

现代体育教学的首要目标是培养全面发展的高素质新型体育人才。然而，在实际教学中，部分体育教师往往只是机械地讲授书本知识，未能充分结合示范、讲解、动作分析、模拟演示等教学方法进行教学。他们忽视了培养学生的体育意识、创新思维和能力，导致学生无法全面深入地理解体育运动。

3. 体育教学过程对运动技能要求过高

在高校体育教学过程中，部分体育教师对学生设定的运动技能要求过高，这可能会削弱学生参与体育教学的热情。由于部分学生偏重文化学习，运动能力相对较弱，过高的运动技能要求会使他们产生畏难心理，失去参与体育学习的积极性。

4. 体育理论知识教学不足

当前，部分高校的体育教学侧重运动技能的传授，而忽视了体育理论知识的教学。现代体育课程坚持“健康第一”的教学思想，体育在促进身心健康方面发挥着重要作用。因此，高校体育教师在教学过程中应融入相关运动知识、健康知识、运动伤病预防与治疗、体育锻炼习惯养成方法以及体育文化等理论知识。

5. 专业水平有待提高，执行力不足

虽然国家对高校体育教师专业水平不足的问题给予了高度关注，并致力于推动师资队伍结构的优化调整，以期提升体育教师的专业素养。但从整体情况来看，我国高校体育教师的专业水平仍有待提高。

以“三自主”（自主选择课程内容、自主选择任课教师、自主选择上课时间）教学改革为例，虽然这一改革模式有助于激发学生的体育兴趣，但在实施过程中，部分体育教师的执行力不足，导致改革效果大打折扣，具体表现在以下几方面。

首先，“三自主”教学模式本应赋予学生根据兴趣选择学习内容的权利，但在实际操作中，体育教学内容并未依据学生兴趣进行调整，而是由教师能开设的体育项目所决定，并未实现自主选择课程内容的目标。

其次，“三自主”教学模式强调学生的自主学习，但在实际执行过程中，部分体育教师放弃了引导学生学习的责任，导致体育课变成了“放羊式”课堂，运动强度不足，练习量不够，学生对体育课的参与度和兴趣下降。

提升高校体育教师专业水平和执行力，已成为制约高校体育教学深化改革的关键因素。唯有不断提升高校体育教师的专业水平和执行力，才能确保改革措施得以落实，并取得显著成效。

（二）学生方面的问题

经过多年的改革，高校体育教学的内容越来越丰富，可供学生选择的体育项目也越来越多，不少高校提供了多样的体育选修课。但是，还是有一些学生对体育课缺乏兴趣，或者在体育课上积极性不高，缺乏热情。

调查显示，学生普遍认为长跑这种运动单调乏味，没什么吸引力，所以对它比较排斥。但是，他们对羽毛球、乒乓球、网球、篮球、足球等项目，以及定向越野、爬山、远足等长时间、长距离的活动却特别感兴趣。这说明学生并不是不喜欢体育课，而是对体育课的内容和形式存在偏好，这就是我们常说的体育兴趣问题。所以，如何创新和调整体育课的内容和形式，改变学生“喜欢体育运动但不喜欢体育课”的现状，成为高校体育教学改革成功的关键。

第三章　高校体育教学思想与理念的改革

随着社会经济的快速发展，人们对体育教学的需求和期望也在不断提高。传统的体育教学思想与理念已经无法满足现代学生的需求。因此，高校体育教学思想与理念的改革是当今高校教育领域中的重要议题之一。本章围绕高校体育教学思想的改革、高校体育教学理念的改革展开研究，旨在为高校体育教学改革提供一些理论方面的指导。

第一节　高校体育教学思想的改革

一、高校体育教学思想概述

高校体育教学思想对体育教学起着重要的导向作用，合理、正确、科学的体育教学思想，能够指导高校体育教师进行科学教学，能够推动教学质量有效提升，促进学生健康成长。因此，加强高校体育教学思想研究对我国高校体育教学的可持续发展具有重要意义。

（一）高校体育教学思想的变迁

随着高校体育教学实践的不断深入，特别是改革开放以来，各种先进教学思想的涌现，高校体育教学思想得以持续发展和丰富。进入21世纪，我们有必要重新审视我国高校体育教学思想及其发展历程。

1. 中华人民共和国成立初期的体育教学思想

从国际角度来看，在中华人民共和国成立初期，为了能够在国际上确立我国独立自主的地位，我国积极参加奥林匹克运动会。当然，这一参与过程也是十分曲折的，从国际奥委会拒绝我国参加奥运会，到五星红旗飘扬在奥运会赛场上，充分展现了我国日益增强的体育国力，标志着我国正向着体育强国一步一步迈进。与此同时，我国各级学校都逐步认识到竞技体育是提升我国国际地位的关键。当时，我国高校的体育教学内容与思想在保留原有特色的基础上，开始形成初步的竞技体育意识。

此外，从国内角度来看，在中华人民共和国成立初期，我国高校体育不可避免地经历了一系列恢复与改造的过程。由于当时的历史背景，向苏联学习成为一种必然趋势，学校教育领域也开始全面借鉴苏联模式。无论是竞技体育还是学校体育，从思想理论到方法体系，几乎采取了全盘吸收的方式。在苏联教育体系的影响下，我国体育教学更加注重服务于社会、服务于国防的目标，从而促使强调竞技运动技能的体育教学体系得以逐步确立。同时，在高校体育教学的结构和任务中，对运动技能的重视程度也得到了显著提升。

总体来讲，在当时的高校体育教学中，发挥着主导作用的就是运动中心论的体育教学思想。从本质上来讲，这种思想只是把体育视作一种手段，而对于学生存在的个体需要没有加以适当的重视，也没有充分考虑学生学习体育的积极性以及学生的自主能力发展状况。强调竞技的体育教材、统一的体育教学模式、偏成人化与机械化的体育教学方法与形式，导致高校体育教学活动中学生的学习状态始终都是被动的，进而使学生的个性发展受到了极大的影响，体育教育的多元功能也没有得到应有的重视。

2. 改革开放初期体质健康思想的确立

改革开放初期，我国各行各业逐步发展，国民经济开始复苏，与此同时教育事业也迎来了新的发展变革与挑战，特别是在高校体育教学中，党中央颁布了一系列相关文件以确立体育在整个教学体系中的重要地位，充分展现了体育的重要影响力。具体来讲，确定了以增强学生体质为体育教学基本目标之一的指导思想，对全国的教育工作提出了明确要求：要对现行的教育体制进行改革，促使人才培养力度和国民素质得到极大的提升。党中央做出的这一系列指示不仅使传统体育教学思想开始转变，还为体育教学拓展了新的目标，使体育教学开始重视学生的身体素质和心理素质发展。这对体育教学乃至整个教育体系来说，都是极大的进步。

3. 深化改革阶段的体育思想

1978 年后，我国处于社会转型时期，经济发展迅速，社会稳定。随着人民物质生活水平的大幅提升，许多新的思想观念相继出现，如法治观念、效益观念、市场观念、经营观念等，这为我国的体育思想的发展提供了更为广阔的视野。

随着运动心理学的不断进步、新兴体育社会学科的涌现以及现代科学技术的迅猛发展，人们的生活方式发生了翻天覆地的变化。现代体育已逐渐演变为一项具有广泛普及意义的活动，其功能也日益丰富多样。20 世纪 80 年代中期，《学校体育》杂志上刊登了袁旦、谭卫和、马振芳的一篇文章，题为“从生物体育观到生物心理社会体育观”。文章提出了一个重要的观点，即应转变传统的生物体育观，更加重视包含生物、社会和心理三个维度的三维体育观的发展。这一观点很快在体育界获得了广泛认可，极大地提升了学校体育在认识层面的深度。体育观从单一维度向多维度的转变，促使高校体育教学呈现出多目标、多功能的发展趋势。在现代体育教学中，多功能的体育教学思想发挥着举足轻重的作用。

此后，我国又从国外引入了一种全新的体育思想，即快乐体育思想。快乐体育思想的主要特点是在满足自身需要与愿望的条件下，树立起锻炼身体的意识，并强调运动中存在的内在乐趣体验。在目标方面，快乐体育思想往往强调在体育运动开展的过程中积极引导学生参与各种体育运动，并着重体验运动中产生的不同乐趣，进而使学生能够充分地认识这种运动，并渐渐地喜爱上这种运动。此外，从体育教材的内容方面来讲，快乐体育思想强调体育教学内容的分类依据应该是运动过程中产生的乐趣的类型，并认为在实际教学中应基于此标准对体育教材体系重新进行构建。

4. 现代体育教学指导思想的形成与发展

近年来，人们的生活水平不断提升，新兴事物不断涌现，我国大学生的体育意识却日渐薄弱，整体体质状况也呈逐渐下降的趋势，如出现近视、肥胖等健康问题。针对此类现象，我国对体育教学提出了更为切实的要求，强调坚持以健康第一、终身体育为体育教学指导思想，推动体育教学的顺利开展。在这一基础上，各个高校在教学中以学生为主体，采用多样化的教学模式，推动传统的体育教学思想发生转变，极大地激发了学生的体育兴趣，帮助学生树立了终身体育意识，使体育能够贯穿学生的学习和生活中，促进其身心发展。此外，《国家学生体质健康标准》从身体形态、身体机能、身体素质等诸多方面对学生的综合素质进行全面的评估，以促进和推动体育素质教育的开展。

（二）现代学习理论和教育思想对高校体育教学思想的影响

现代学习理论和教育思想的内容十分丰富，为深入阐述现代学习理论和教育思想对体育教学思想的影响，下面以建构主义学习理论和现代人本主义教育思想为例，全面分析二者对高校体育教学思想的具体影响。

1. 建构主义学习理论及其影响

（1）建构主义学习理论的核心思想

建构主义学习理论根植于儿童认知发展的研究之中。瑞士心理学家让·皮亚杰（Jean Piaget）作为这一理论的先驱，提出儿童是通过“同化”外部环境信息和“顺应”修改已有认知过程来发展其认知能力的。随后，苏联心理学家维果茨基（Vygotsky）提出了“最近发展区”理论，该理论强调儿童应在其“最近发展区”内得到发展，这样才能促使他们达到更高一级的发展水平。教师在这一过程中发挥着至关重要的作用，他们需要识别学生的“最近发展区”，并提供必要的学习支架，以帮助学生从原有的发展水平提升到新的更高层次。

建构主义学习理论把学习看作是一种意义建构的过程。在应用建构主义学习理论时，有几个关键点需要把握好。首先，学生原有的知识和技能基础不仅学生自身需要了解清楚，教师也务必知晓。学生建构新知靠自己不断地感悟、体验，最终内化到头脑的认知结构中，绝不是靠他人灌输到其头脑中的。也就是说，只有自主学习、主动学习，才可能掌握新知。其次，自主学习不等同于孤立学习，学生需要教师或者同伴的帮助，需要学习资源给予支持，需要有一个学习环境去感知、体验学习资源承载的意义，理解来自他人帮助的内涵。最后，关键点就是找准“最近发展区”，不能好高骛远，如果超出了学生自身的“最近发展区”，无论需要认知的新事物多么有吸引力，学生仍然无法消化、吸收，不可能达到新的发展水平。反之，如果停留在学生现有的水平，甚至低于现有的水平，同样也不在学生的“最近发展区”内，也就无法激发学生的学习兴趣，更不可能提高他们的发展水平。

（2）建构主义学习理论对高校体育教学思想的影响

相关实践表明，建构主义学习理论能够进一步推动我国体育教学的发展，在我国高校体育教学思想的形成和发展以及教学实践活动中发挥着关键作用。

第一，建构主义学习理论对我国体育课程改革的不适应性。体育运动的学习过程与其他学科的学习过程是有所差别的。大部分学科的学习都以教师的课堂知识传授为主，辅以一定的教学实践，整体来看强调知识点由简到繁的逻辑认知过程。而体育学习则是学生对自身身体的不断认知和技能水平不断提升的过程，仅通过教师的讲解不仅难以完成正常的体育教学，也会大幅度降低学生对体育运动的热情和积极性。而单靠学生主观意识上的想象和理解，也根本无法完成规范的动作，不仅不利于教学目标的实现，而且也不利于学生的身心发展。所以说，高校体育教学除了需要教师进行相应的知识讲解，还需要教师借助一系列的身体动作示范，让学生不断模仿、练习，从而有效习得和内化相关知识技能。

随着国家对体育教学工作的日益重视，一系列教学改革措施相继出台，建构主义学习理论也成为指导我国体育教学的重要思想。然而，在实际教学过程中，部分教育者对建构主义学习理论存在误解。有人认为，体育教学改革推行的新课程是对传统教学内容和方式的全面否定，这种观念促成了“主体意义建构”的形成。

而发现式学习的引入，更被一些学者视为对传统教学模式的挑战。传统教学强调“学会”，即教师作为主体，向学生传授相关知识和技能。而发现式学习则主张“会学”，注重培养学生的主动性、思维品质、探索精神和创新能力。

显然，传统教学与发现式学习之间存在明显的差异。这种差异不仅客观存在，还在一定程度上被一些教育工作者主观放大，导致建构主义学习理论在我国体育课程改革中出现了一定的不适应性。

第二，建构主义学习理论对我国体育课程改革的适应性。建构主义学习理论的重点体现为三方面：一是为了使学生可以学习到更多的知识，并能将所学知识掌握得更牢固，应当以学生为主体，让学生发挥其主动性和积极性，进行自主学习；二是学习是学生自己的事情，但也绝非“孤军奋战”，在学习过程中还更需要重视与其他同学和教师之间的互动与合作；三是对知识点的学习绝对不是对书本上的相关知识的照搬，也不是对教师讲述的知识点的单纯记忆和复述，而是需要将书本知识、教师讲解与自身在长时间的学习活动中所获得的经验结合起来，进而探究出新的知识。

通过以上观点，我们可以明确认识到其重点在于“自主”“合作”“探究”。因此，基于建构主义学习理论的指导，高校体育教学需要始终以“自主学习法”“合作学习法”“探究学习法”为基础，使多元化教学方式得以实施，进而拓宽教师的教学视野。

在运用“自主学习法”“合作学习法”“探究学习法”时，不仅要求学生具有团队合作意识，同时还对教师提出了一定的要求：教师在课堂上应当扮演多元化的角色，不仅要扮演好引导者和传授者的角色，而且也要与学生形成合作、互动的朋友关系，使学生能够更轻松地学习知识。教师角色和职能的转变不仅顺应了我国新课程改革的发展趋势，同时更有利于教师的专业化、科学化发展。除此之外，建构主义学习理论极大地改善了学生在课堂中的地位，使学生变被动为主动，充分发挥主体性作用。

此外，为确保学生主体作用的充分发挥，还需要关注以下几点：在学习过程中，应当注重以探索和发现的方式完成知识意义构建活动；在知识意义构建的过程中，应当让学生进行相关信息资料的自主收集活动，然后进行分析、探究，要求学生不仅能够发现问题的本质所在，同时还能对问题提出各种合理的假设，再对假设进行科学的论证；当学习完一个知识点之后，应当定期进行巩固，与学生先前所掌握的知识建立起合理的联系，并进行深入的思考。

（3）在高校体育教学中应用建构主义学习理论的注意事项

首先，要明确建构主义学习理论并非万能教学理论。在我国高校体育教学中，探究式学习以建构主义学习理论为基础，能够有效调动学生的积极性，培养学生的创新精神，提升学生的实践能力。然而，当学生需要在短时间内掌握大量书本知识时，采用传统学习方式可能更为合适。因此，探究式学习虽效果好，但并非适用于所有情况。在教学实践中，教师应充分了解学生，避免盲目采用不适合的教学模式。教师应分析各种教学方式的优缺点，结合使用，相互补充。学生的学习态度、认知基础等对学习效果有决定性影响。教师应全面剖析教学过程中的具体情况，确定科学、合理、有针对性的教学方式。

其次，情境创设要紧密围绕教学目标。建构主义学习理论注重教学情境的创设，强调情境应具有目的性，与日常生活密切相关。成功的问题情境创设能激发学生学习的主动性，深化学生的知识理解程度，并能使学生学会在社会生活中运用所学知识，提高其解决问题的能力。然而，在高校体育教学中，部分情境创设脱离教学本质和目标，流于形式，背离了建构主义学习理论的本质。这说明在借鉴建构主义学习理论时存在完全照搬、断章取义的错误做法，应予以避免。

再次，要理性区分“学生的主体性”与“以学生为中心”。建构主义学习理论强调学生的主体地位，但曾引发争议，争议的焦点在于知识是主客观的统一还是完全由主观建构。建构主义学习理论倾向于知识完全由主观建构，包括激进主义和社会建构主义。在体育教学中，若以这些存在极端缺陷的建构主义学习理论为指导，会抬高学生的主体地位，忽略教师的主导地位。尊重学生的主体性应以发挥教师的主导性为基础，并遵循教育教学规律。“以学生为中心”可能导致教师主导作用丧失，教师应把握好尺度。

最后，学习动作技能应是主观与客观相统一的过程。建构主义学习理论认为，体育教学是教师创设情境，学生通过探索获得知识和技能的意义建构过程。但在高校体育教学中，动作技能学习多属于结构良好的领域，学生可以通过模仿示范动作和反复练习的方式进行学习。需要强调的是，模仿示范动作和反复练习需要学生积极参与，否则难以获得预期的效果。若学生处于被动学习状态，学习将会失败。因此，学习动作技能并非主观意义建构的过程，而是主客观有机统一的过程。

2. 现代人本主义教育思想及其影响

（1）现代人本主义教育思想的内涵

现代人本主义教育思想源于对人类对科技产品过度依赖以及在智能化时代背景下人的价值被忽视的深刻反思。随着科学技术的不断进步，人类社会的生产生活方式发生了巨变。科技极大地改变了生活，但同时也使人类越来越受制于科技。因此，在教育领域，人们开始强调人本主义，旨在将人从科技的束缚中解放出来。现代人本主义主张，应恢复人在世界中的主体地位，而非仅仅作为科技发展的附属品。从社会发展中人的主体地位的凸显到教育领域对教学活动参与主体的重视，“以人为本”的理念受到了广泛关注。在教育教学中，现代人本主义教育思想致力于将教学活动参与者从传统教学的状态中解脱出来，强调人的重要性，关注教师和学生的身心健康与可持续发展。现代人本主义教育思想包含以下基本观点：学生是学习的主体，应得到尊重；学习是丰富人性的过程，其根本目的是实现人的“自我实现”；人际关系是有效的学习条件；“意义学习”是有效的学习方式。

我国学者对此提出了不同的观点。其中，著名心理学家、教育学家燕国材认为，教育必须“以人为本”，尊重、理解、关心和信任每一个学生。他强调教育应发现人的价值，发挥人的潜能，发展人的个性，充分发挥学生的主体作用，挖掘学生的潜力，加强智力教育和品德教育，培养学生的世界观、人生观和价值观，使学生成为“和谐的人”“完整的人”“全面发展的人”。此外，还有学者提出，现代人本主义教育思想是以维护和保障教师、学生在教育中的主体地位为前提，以尊重和关怀他人为核心的教育思想，其内在逻辑是在遵循基本教育思想的基础上，倡导以人为主体，以教育为主体，在体育教育过程中保障学生和教师的主体地位，促进师生的全面发展。这种观点从立体的、全方位的角度阐述了现代人本主义教育思想的内涵。

在教育管理过程中遵循以人为本的原则，意味着一切行动都要以学生为出发点和落脚点，将学生的诉求和利益作为工作重心。这不仅是一个准则、一个需求，更是一个重要目标。基于现代人本主义的学校教学，应关注人的内在本性和利益诉求，通过灵活多样的教学方式提高学生对教育的接受程度和参与意愿。在此基础上，充分提高学生的创新性、自主性、综合能力和素质，以实现学生成长和成才的目标。

（2）现代人本主义教育思想对高校体育教学思想的影响

从本质上来讲，我国之所以坚持强调教学改革，其根本原因就在于教育领域逐步认识并开始关注人性化教育、人本化教育，努力探索和回归教育的本质意义。现代人本主义教育思想对我国高校体育教学产生了一定程度的影响，主要体现在以下几方面。

第一，教学观方面。众所周知，传统教学观强调教师的绝对权威，主张以教师为中心，针对学生进行无差别的知识传授和灌输。这种“填鸭式”教学不仅打消了学生的积极性，更不利于学生创造性的发挥，因为学生没有机会参与到知识的探讨和构建过程中，久而久之，许多学生产生了厌学情绪，影响了他们的学习积极性和自主学习能力。而现代人本主义教育思想则提倡以学生为中心，强调学生作为学习主体的作用，注重培养学生的批判性思维和创新能力。

第二，价值观方面。在传统的教育观念中，人们认为教育的价值主要体现在教育的社会效益和工具性功能上。随着社会文明的发展，现代人本主义教育思想强调教育的内在价值，尤其关注学生的个体发展和自我实现。通过教育，学生不仅获得知识，更重要的是找到自我价值的实现路径，发展独特的个性和创造力，从而更好地服务社会。

第三，课程观方面。在现代人本主义教育思想的影响下，教学改革开始更加关注为学生创设有利的学习环境，让学生从被动学习转变为主动学习，同时使教师从显性的主导者转变为隐性的引导者。例如，在传统课堂中融入活动课程和综合课程，教师的角色也随之发生转变，课堂氛围更加活跃，学生可以在轻松的学习环境中感受到学习的乐趣。

（3）现代人本主义教育思想在高校体育教学中的实践应用

在当前的高校体育教学中贯彻和实施现代人本主义教育思想，需从以下两方面入手。

首先，坚持以学生为本。学生作为体育教学的主体，是独立的生命个体，应得到充分的认可和尊重。因此，高校体育教学必须牢固树立以人为本的观念。具体而言，要充实办学资源，为学生创造良好的学习条件，提升教育质量；本着对学生高度负责的原则，提供充足的教育教学资源，确保学生获取发展所需的知识和技能；同时，要尊重学生的个体差异，促进他们的个性化发展。为此，需完善培养方案，构建科学的课程体系，并重视教学方式的改革，增强教学的吸引力和感染力，激发学生的学习动机和积极性。

在体育教学过程中，要努力提升学生的主体地位，培养他们主动参加体育锻炼的意识。这要求教师要遵循尊重学生、信任学生的原则，积极促进学生的身心健康发展。具体而言，教师应对学生持有宽容之心，关注学习有困难的学生，承认学生之间的差异，赞美学生的优势，宽容学生的不足。对于课堂上的“后进生”，教师应帮助他们树立自信，激发其内在的精神力量，使其自觉改正错误，实现自我发展。

其次，坚持以教师为本。高校应为体育教师营造良好的工作氛围，合理规定教师的工作量，并进行公正的教学评估，对表现优秀者予以奖励。同时，对体育教师的管理应人性化，使他们能够自觉履行义务，积极承担责任。此外，高校还应充分尊重和信任体育教师，不要制定过多的规则和制度来限制他们的自由和行为，从而激发他们的工作热情和创造力。

（4）现代人本主义教育思想对高校体育教学改革的启示

其一，强调学生个性化发展。现代人本主义教育思想强调学生的个性化发展，在体育教育领域，这意味着在关注学生身体素质提升的同时，还需深入挖掘体育教学的人文内涵，重视学生的心理健康教育、行为习惯塑造、人际关系拓展以及道德品质培养。高校应构建多元化的体育教学体系，避免单一地强调身体锻炼，要促进学生的全面发展。

其二，重新审视体育教学的价值定位。传统体育教学在育人方面的认知存在诸多偏颇，往往侧重生物学视角，强调体育增强体质的功能，而对体育运动的本质理解存在偏差。在经济全球化背景下，各种思想文化不断交融，教学思想也呈现出融合发展的趋势。现代人本主义教育思想的提出，彰显了当代社会对个体发展的高度重视。在高校体育教学中，我们更应强调人性的回归，将育人作为体育教学的出发点和归宿。现代人本主义教育思想符合时代发展的要求，因为人的发展在社会各领域都至关重要，即使在智能时代，人的作用依然不可替代。在体育教学中，教师应关注学生这一教学主体，因为教学活动需要学生的积极参与，否则便失去了意义。同时，教师作为教学活动的重要参与者，也应得到充分的关注。

其三，重构体育教学目标。传统高校体育教学目标较为功利化，追求竞技成绩和金牌数量，忽视了学生的全面发展。随着体育教学思想的不断发展，多元化的高校体育价值体系要求高校对体育教学目标进行重构。现代人本主义教育思想在体育教学中得到应用，越来越多的学者认识到传统体育教学模式存在的不足。我们不能单纯追求学生的技能水平，而应重视学生的全面、健康、可持续发展。在体育教学中，教师应认识到人是运动的主体，体育教学和训练应以促进人的全面发展为目标。

其四，对体育课程内容进行适时调整。在现代人本主义教育思想的引领下，我国高校体育课程内容进行了一系列改革，灵活性得到提升，同时纳入了更多符合学生身心发展特点的教学内容。在高校体育课程内容的改革中，课程设置更加灵活。例如，增加了针对学生不同兴趣的项目，如瑜伽、普拉提等运动课程，同时强化了健康教育和团队合作的内容。通过这些改革，体育课程不仅提高了教育的趣味性，还注重了不同学生群体的身心发展，帮助学生更全面地成长。

其五，深化对体育教学内涵的理解。现代人本主义教育思想为高校体育教学引入了诸多新思想，如健康体育、快乐体育、终身体育、自主体育等。例如，健康体育思想推动了体育课堂的多元化，不仅注重身体锻炼，更将心理健康、营养学等知识融入课程中，帮助学生形成全面的健康意识。而快乐体育思想则通过团队游戏和互动课程，激发学生的参与兴趣，让他们在愉悦的氛围中体验体育活动的乐趣。与此同时，众多新型教学方式应运而生，如情境式教学、支架式教学、发现式教学、快乐式教学、抛锚式教学等，它们充分体现了以学生为主体的教学思想。例如，在情境式教学中，教师可以通过模拟运动比赛或体育项目的情境，让学生亲自体验其中的挑战和乐趣，从而激发他们的主动性与兴趣。支架式教学则通过提供逐步指导，帮助学生在运动技能上逐步突破，提升其自信心。为了让课堂更加生动有趣，教师可以通过组织小组对抗赛等互动性较强的活动来提高学生的参与感。为了促进学生的个性化发展，教师可以根据每个学生的兴趣和特长，设计个性化的体育锻炼计划，让学生在多元化的环境中自由选择适合自己的运动项目。

（三）高校主要的体育教学思想

随着现代教育的不断发展，涌现出了众多先进的教学思想，这些思想对我国高校体育教学的发展产生了深刻的影响，其中影响力较大的包括以下两种。

1. 健康第一教学思想

（1）健康第一教学思想的概念

1950 年，毛泽东针对体育教育提出了“健康第一、学习第二”的指导思想，强调了体育教育的重要性。然而，随着高考制度的逐步恢复，人们的文化知识学习热情高涨，体育教育一度被忽视，健康第一教学思想也未能得到充分落实。

1999 年，中共中央、国务院发布了《关于深化教育改革全面推进素质教育的决定》，再次强调了健康第一教学思想的重要性，要求在学校教育中积极推动并落实这一思想，提升体育教学质量，让学生掌握基本体育运动技能，保持健康体魄，养成体育锻炼的好习惯。

随着素质教育的深入开展，健康第一教学思想被赋予了更多新的内涵。它不仅关注学生的身体健康，还更加注重学生的心理健康与社会适应能力。这一教学思想强调培养学生掌握更多体育运动技能，引导学生积极参与各类体育运动，促进学生终身体育意识的培养。

当前，健康第一教学思想主要涵盖四个关键内容：运动参与、运动技能、身体健康以及心理健康与社会适应。这些内容共同构成了健康第一教学思想的完整体系，旨在全面促进学生的身心健康和发展。

（2）健康第一教学思想的优势

在高校体育教学中，健康第一教学思想展现出多方面的优势，具体体现在以下几点。

首先，明确了体育教学的核心目标。这一思想直指体育教学的本质——促进学生的身心健康。身体是学习和生活的基石，无论是追求学业成就还是未来的人生发展，身体健康都是首要条件。健康第一教学思想与当前教育中存在的功利性倾向形成了鲜明对比，提醒教育工作者，教育的目的不仅在于追求成绩，更在于维护学生的身心健康，让他们拥有健康的体魄和积极快乐的生活态度。

其次，提升了体育教育的质量。体育学科与其他学科的不同之处在于，它更注重实践技能的培养。然而，传统体育教育模式往往受制于理论学科的教学思维，忽视了学生健康的首要地位，强调体育技能的掌握和成绩的取得。这种观念是片面的。健康第一教学思想有效纠正了这一错误观念，强调学生的身体健康是体育教育的核心。通过体育课程提升学生的身体素质，对体育教学质量的提升起到了至关重要的作用。

最后，激发了学生的体育学习兴趣。在传统体育教学模式中，学生的主体地位往往被忽视，学生只是被动地跟随教师的示范进行模仿练习，难以体会到体育学习的乐趣。因此，很多学生认为体育学习是枯燥无味的。而健康第一教学思想注重学生身心的全面发展，不仅锻炼学生的身体，还关注他们的心理需求，让学生在体育学习中感受到快乐和满足，从而激发了他们的学习兴趣和积极性。

（3）健康第一教学思想与高校体育健康教育

当前，健康第一教学思想在高校体育教学中的实践愈发深入，体现在教学内容的安排、教学方法的选择以及教学评价标准的确定等方面。在新时代，为了更好地在高校体育健康教育中贯彻落实这一思想，我们应注重实现以下目标。

首先，要切实落实体育健康教育标准。在高校体育教学实践中，应将健康标准的实施作为核心任务，通过调整体育教学内容，普及科学的锻炼知识，真正达到提高学生身体素质的目的。同时，要提升学生的终身健康意识，促使他们形成健康的行为习惯。此外，高校体育教学还应依据国家学生体质健康标准，结合本地区的气候、资源以及学校自身的教学特点进行适当调整。允许学生根据自己的兴趣和特长自由选择体育项目，参与自己真正感兴趣的活动，从而掌握适合自己的健身方法。评价的重点不再仅仅是各项目的达标情况，要将培养学生的终身锻炼意识包括其中。

其次，要转变高校体育教学的工作重心。新时代，高校体育教学应充分发挥其育人作用，具体体现在以下两方面。

一方面，体育教学应服务于学生的体质健康。贯彻健康第一的指导思想，要求高校体育教育的目标是增强学生的体质、培养全面发展的人才。

另一方面，在重视学生体质发展的基础上，也要关注学生的全面发展。健康第一的指导思想对高校体育教学提出了更高的要求，即培养身体健康、心理稳定、具有拼搏竞争精神和团结协作能力的新型高素质人才。在实践中，我们不仅要关注学生的心理健康，还要重视提高他们的社会适应能力。

（4）健康第一教学思想在高校体育教学中的应用

第一，确立基本的内容框架。在高校体育教学中，为贯彻健康第一的教学思想，首先要明确其基本内容框架，具体包括以下四点。

①运动参与：健康第一教学思想强调学生在体育学习和锻炼中的态度和行为，要求学生积极主动参与体育学习，形成积极的体育行为和乐观的人生态度。

②运动技能：健康第一教学思想注重学生在体育学习过程中完成技术动作的能力，体现了体育教学以身体练习为主要手段的特点，旨在进一步提升学生的身体素质。同时，要求学生掌握体育运动技能，提高身体素养，并关注学生安全运动的能力和体育运动意识的培养。

③身体健康：健康第一教学思想要求学生具备良好的体能、正常的身体机能和充沛的精力。通过加强体育锻炼，促进学生身体机能全面发展，增强学生的环境适应能力。此外，学生需关注自身健康，了解营养、行为习惯和疾病预防对身体发育和健康的影响，自觉抵制不良行为，形成健康的生活方式。

④心理健康与社会适应：此理念关注学生的人格健全和社会交往能力。高校体育教学要重点培养学生的自信心、坚强意志和良好的体育道德，同时引导学生掌握心理调节和人际交往方法，形成坚韧不拔的意志、品质。

第二，明确具体的体育教学任务。现代体育教学旨在促进学生的全面健康发展，具体包括以下几点。

①调整体育教学内容，普及科学锻炼知识。根据国家学生体质健康标准和学校实际，允许学生自主选择喜爱的体育项目，掌握基本健身方法和技能，树立终身体育意识。

②完善体育与健康教育体系。丰富体育教学内容，融入体育人文学、运动人体学、健康教育学等元素，提高学生对体育课的兴趣，认识体育健康教育的意义。同时，增加促进学生身心健康发展的常识性内容，帮助学生养成良好的作息习惯。

③贯彻健康第一的指导思想。为适应社会竞争日趋激烈的现状，高校体育教学应培养身体健康、情绪稳定、具有拼搏竞争和团结协作精神的高素质人才。

④关注学生心理健康发展。高校体育教学应高度重视学生心理健康教育，通过灵活的体育组织形式和因人而异的体育锻炼目标，全方位评价学生的体育运动能力，提高学生的心理素质。

⑤提高学生的社会适应能力。体育教学作为独特的教育形式，能在规则约束下实行公平、公正、公开的竞赛，对学生协调人际关系、增强团队凝聚力、加强自我心理调节能力、培养社会责任感以及遵守社会规范具有重要意义。

第三，落实体育健康教育标准。包括合理调整高校体育教学内容，普及科学锻炼知识，增强学生体质；依据国家学生体质健康标准，制定具有区域特点和符合学生差异性特征的健康考核标准。

第四，完善体育教学课程体系。为贯彻健康第一教学思想，高校需深化体育教学课程体系改革，丰富课程内容，满足学生多元化、个性化的发展需求，应做好以下几方面的工作。

①坚持以学生为主体，将身心健康发展放在首位，所有教学活动围绕促进学生健康发展服务。

②调整体育教学内容，科学选择教学内容，调整不适合本校学生实际的教学内容，确保理论与实践相结合。

③丰富体育教学内容，吸引学生参与体育学习和活动，满足不同学生的不同学习需求。

④因地制宜设置教学内容，根据当地气候、资源和学校教学特点进行特色化课程设置。

⑤重视课内外体育教学的有机结合，提高学生参与体育活动的兴趣，促使学生养成科学合理的作息和健身习惯。

第五，完善教学评价体系。在健康第一教学思想指导下，高校体育教学评价应以体质增强和身心健康发展为重要指标。具体要求包括：重视多方面教学效果的量化分析，结合定性评价和定量评价，提高评价的科学性；评价内容、指标和方法要全面，并邀请不同评价主体进行评价；同时注重对教师教学方面的评价。

第六，加强体育运动技能教学创新。在健康第一教学思想指导下，高校体育教师可进行教学模式创新，如引入“运动教学模式”，关注学生技能实践培养，凸显教学的趣味性，吸引学生主动参与运动竞技，提高技能掌握水平。具体实践主要表现在以下几方面。

①重视课堂常规构建，了解学生基本情况，介绍运动教育模式特点，端正学生学习态度，营造适合运动教学的氛围。

②科学合理分组，采用异质分组方式，根据学生的体育能力、性别、性格差异等进行分组，为后续运动竞赛做准备。

③合理控制竞赛激烈程度，设置“赛季”“竞赛”机制，激发学生运动动力，提供真实运动实践情境，培养学生运动技能。同时，根据学生的身体状况、心理特点和运动水平等，合理控制竞赛激烈程度，防止学生受伤。

第七，加强体育心理健康教育。在健康第一教学思想指导下，高校体育教学还需从德育层面出发，加强学生的心理健康教育，实现学生身心健康发展。例如，在团体性体育运动教学中，除重视运动技巧教学外，还应开展比赛活动，培养学生的集体意识、团队合作精神和无私奉献精神等。同时，教师可以引导学生开展户外运动项目，如登山、越野跑等，培养学生的团队意识、战略意识和领导能力等。此外，教师还需重视体育文化教育，如播放体育比赛纪录片，让学生感受运动员的付出和努力，充分认识体育文化，理解其背后的思想道德观念，在潜移默化中落实体育德育教育。

2. 终身体育教学思想

（1）终身体育教学思想的概念

终身体育指的是个体在整个生命历程中，都应持续参与体育锻炼，使体育成为日常生活的一部分[①]。终身体育教学思想强调体育锻炼应贯穿人生的各个阶段。随着时间的推移，终身体育教学思想在体育教育领域中逐渐确立了其重要地位，成为现代先进的体育教学指导思想。

终身体育教学思想的形成与高校体育教学的发展紧密相连。通常而言，终身体育由高校体育、社区体育和家庭体育三个相互关联、相互影响的部分构成，它们共同作用于个体，要求学校、家庭和社区均要开展体育活动，为个体提供参与

① 罗志成．谈如何在中专体育教学中培养学生的体育意识 [J]. 才智，2015（22）：18-19.

体育活动的机会。终身体育对社会而言，关乎全体国民的体育参与。实现个体与社会在体育方面的统一是终身体育的最高追求。

大量实践与事实表明，终身体育教学思想对推动我国体育教学的发展具有积极作用。终身体育的实现程度，很大程度上取决于这一教学思想是否深入人心以及相应的能力是否得到培养。当前，树立终身体育教学思想要求教师引导学生正确认识体育的价值，端正学习态度，积极掌握体育锻炼的技能，学会评价体育锻炼效果的方法，从而形成终身体育的能力，为终身参与体育锻炼打下坚实基础。

（2）终身体育教学思想的基本特征

首先，体育锻炼的终身持续性。终身体育作为一种前沿的教学思想，其核心价值在于它能使个体终身受益。从教育对个体影响的深远角度来看，终身体育教学思想打破了传统高校体育教学目标中仅仅强调运动技能学习与掌握的局限，将体育教学的时限大幅拓展，涵盖了人的整个生命周期。终身体育教学思想强调体育教学应顺应学生生理成长、心理发展的自然规律以及健身的长期性，着重培养学生对体育的热爱、兴趣，形成锻炼的习惯和能力，倡导体育参与的持续性。

其次，体育锻炼群体的全民覆盖性。终身体育面向的是所有接受这一思想的个体，即每一个社会成员都应积极参与，从幼儿体育教学开始，逐步培养学生的体育锻炼意识，直至学生步入社会后仍能持续参与体育锻炼，为个体整个生命周期的体育活动奠定坚实基础。因此，终身体育的主体不仅限于在校学生，而是面向全体民众，鼓励全民积极、主动地参与。

最后，体育锻炼目标的实际效用性。终身体育以适应个人与社会的发展为根本出发点。因此，终身体育的实践应因地制宜、因人而异，每个人应根据自身实际情况选择具体的锻炼内容、方式和方法，并将其融入日常生活、学习和工作中。在现代社会生活中，人们为了提升生活质量，会根据自身条件合理选择适合自己的体育运动方式，做到有的放矢，具有高度的针对性和实效性。在高校体育教学中，教学内容的选择、教学方法的运用都应致力于提高学生的体育知识和技能，不断提升学生的终身体育意识和能力，从而确保学生在毕业进入社会后，仍能持续参与体育健身锻炼。

（3）终身体育教学思想的意义

首先，终身体育教学思想顺应了现代化社会的发展需求。随着社会现代化程度的不断提升，将经常性的身体锻炼融入生活已成为人类文明发展的必然趋势。全民形成坚持日常锻炼的自觉习惯，不仅体现了国家的文明程度，展示了现代人的健康生活方式，更有力地推动了社会的进步与发展。

其次，终身体育教学思想契合了体育融入日常生活的需求。在当今社会，生活与体育的关联愈发紧密，各年龄段的人群通过参与体育锻炼，能够增强体育观念，深化对体育锻炼的认识，并营造出积极的锻炼氛围。社会成员终身体育意识的确立，对于推动群众体育的普及、提高群众体育活动的参与热情、促进文化交流等方面都具有深远意义。终身体育教学思想注重个体差异，针对不同年龄层、生活环境、职业特性，选取适宜的内容和方法，采用多样化的形式进行身体锻炼，使个人终身受益。

再次，终身体育教学思想对体育教学的改革与发展产生了积极的推动作用。终身体育教学思想的提出，为体育教学改革指明了方向，成为现代体育教学的重要指导思想。它不再仅仅局限于追求特定的运动技能和熟练度，而是更加注重培养学生自我分析身体锻炼水平和运动实践的综合能力。

最后，终身体育教学思想对社会主义经济建设具有积极影响。一方面，终身体育有助于提升社会劳动生产率。通过体育锻炼，人们能够强身健体、丰富业余生活，提高体能和心理素质，从而更好地投身于经济建设，推动社会经济的蓬勃发展。另一方面，终身体育与经济建设相互依存、紧密相连。经济发展制约着体育的发展水平，同时也对人们终身体育意识的形成和发展有着重要影响。随着我国经济建设的不断深入，人们日益认识到体育与经济相互促进的密切关系：经济是体育发展的坚实基础，而体育也能为经济发展注入新的活力。

（4）终身体育教学思想在高校体育教学中的应用

在高校体育教学中运用终身体育教学思想，具体来说，主要表现在以下几方面。

第一，对学生的终身体育意识进行培养。个体的体育活动参与行为的实现，必须建立在对终身体育教学思想有一个正确的认识的基础上，终身体育意识是高校大学生主动进行体育学习、参与体育运动的重要内部驱动力。现代人生活节奏快、压力大，面临着各种各样的生理和心理挑战，要获得高质量的生活，就必须确保身心健康发展。体育运动能有效促进运动者的身心保持良好的状态，终身体育意识对学生的身心素质发展具有重要的促进作用。学生走入社会之后，面临的各种压力并不比学生时代少。体育锻炼是一种释放身心压力、重塑身心健康状态的过程，对运动者保持良好的身心状态迎接生活、学习、工作挑战是非常重要的。终身体育活动参与对于个人的社会性发展具有重要的促进作用，大学生坚持体育健身锻炼，能有效增强身心适应能力，可以在毕业后更好地适应社会，提高自己的抗压能力。现代高校体育教学实践要注重培养学生的终身体育意识，要求教师做好以下教育引导工作：引导学生树立正确的体育价值观；端正体育学习态度；将素质、技能、知识、能力等教育内容渗透到终身体育教育中；通过体育教学丰富学生的体育知识、体育技能，提高学生的终身体育参与能力，为学生终身参与体育锻炼奠定基础。

第二，重视学生自我发展与社会需要的有机结合。终身体育强调根据人一生中不同的年龄阶段、生活环境及职业特点，选择适合的锻炼方法和内容，进行多样化的身体锻炼，以确保终身受益。高校体育教学为学生提供了一个参与体育活动、适应未来社会角色的良好平台。因此，终身体育不仅要促进学生的在校发展，还应满足社会发展对学生未来能力的需求，这要求体育教学需兼顾学生的当前发展与长远发展。

在具体实施中，高校体育教学应做好以下几方面工作：明确学生需求与社会需求的地位，这是协调体育教学与社会需求适应性的关键；确立学生需求与社会需求的关系，其中学生需求是推动体育文化发展的内在动力，社会需求是外在要求；体育教学应以学生为中心，满足学生的学习和发展需求；灵活处理学生发展与社会需求在不同阶段的矛盾，虽然两者的最终目标一致，但过程可能不同；重视培养学生掌握系统的体育理论知识、科学的锻炼方法及评价技能，为终身体育能力的形成奠定基础；加强对学生生理、心理、行为模式及思想意识的调查与研究，以社会需求为基础，将“是否符合社会发展需要”作为衡量体育教学成效的重要标准。

第三，及时调整学校体育目标。终身体育是高校体育教学思想的重要组成部分。随着社会的发展，单纯追求学生生物学层面的改造已无法满足其自我实现的需求。在终身体育教学思想影响下，高校体育教学致力于学生生命的全面改造。作为终身体育的关键环节，高校体育教学对提升学生体能、心理素质等具有重要意义，有利于学生终身受益。因此，高校体育教学应树立强身育人的目标，贯穿终身教育主线，在传授基本知识与技能的同时，培养学生终身体育的意识和能力。

第四，丰富学校体育教学内容。高校体育教学改革旨在使学生在有限的学生时期掌握体育基础理论和基本技能，为未来的终身体育奠定基础。为此，高校应拓宽体育选修课范围。例如，开设交际舞、溜冰等课程；举办篮球、排球、乒乓球、足球、健美操等专项竞赛，提高趣味性；安排耐久跑等锻炼内容；增加哑铃操、腰腹肌训练等，增强学生体能；关注体育热点，讲授竞技规则和裁判知识；支持学生自己组织体育比赛，培养学生的组织能力和参与意识。

第五，实施必要的体育检查与考核，激发学生终身体育锻炼的积极性。体育考核是衡量教学效果的重要手段，对体育教学至关重要。通过考核反馈，教师可及时了解学生的学习效果，以采取有针对性的教学措施，提高教学质量，同时调动学生学习的积极性。教师应灵活运用多种考核方法，因人而异设定考核项目与标准，旨在让学生充分展示体育技能、增强体质、调动终身体育积极性，并增强自信心，自觉参与体育锻炼。

第六，培养学生的自主学习能力。终身体育教学思想的树立应与素质教育和现代体育教育相结合。教师应增强学生的体育意识、培养学生的锻炼习惯、提高学生的体育自主学习能力。教学方法和实施环节应基于学生综合素质的提升，改革传统教学方式和内容，发展学生的创造性思维，培养学生的自主学习能力。以学生为中心，让学生成为学习的主人，并养成自我摸索、自我发展、自我形成终身体育理念的态度和行为。教师应更新观念、与时俱进，丰富教学内容，采用创新教学方法，吸引学生参与体育活动，提升学生的自主学习能力。

第七，激发学生的体育兴趣，为终身体育奠定基础。心理学认为，兴趣是人们认识事物或进行活动的心理倾向。在教学中，兴趣表现为学生的积极性和兴奋状态。一旦教学内容吸引学生，他们就会充满兴趣，产生强烈的求知欲，渴望理解和掌握所学内容。培养身心健康的学生是体育教学的最终目标，因为大学生的身心发展关乎国家的现代化建设、科学技术的发展和综合国力的提升。体育锻炼的特殊之处在于需要亲力亲为、不可替代，且受益最大的是自身。若教师不注重培养学生的体育兴趣和锻炼习惯，终身体育将无从谈起。高校体育教学改革应侧重激发学生的体育兴趣，实现课内外体育活动的良好衔接，最终使学生养成终身体育锻炼的好习惯。

二、高校体育教学思想的改革策略

（一）摆脱竞技体育思想的束缚

为了改变强调运动技能而忽视学生身心健康的现状，我们必须挣脱竞技体育思想的枷锁。我们应当积极转变观念，从实际出发，始终将学生的身心健康作为发展的基石。通过体育课程的革新，我们可以为学生创造更加有利的外部环境，从而摆脱竞技体育思想的束缚。

在教学实践中，我们依据《〈体育与健康〉教学改革指导纲要（试行）》（下简称“指导纲要”）设定了明确的教学目标。只要能够达到这些目标，教师可以灵活选择教学方法。这种教学上的灵活性和多样性，为体育教师提供了展示个人才华和创造力的广阔舞台。因此，我们应当拓宽思路，突破竞技体育思想的局限。

我们需要将现代竞技运动与学校体育有机融合，以符合学生接受意愿和喜好的方式呈现出来。这样，我们不仅能培养学生的运动兴趣，还能让他们在运动中感受到快乐，并掌握必要的运动技能。

当然，挣脱竞技体育思想的束缚并不意味着我们要完全抛弃竞技元素。竞技是体育运动的灵魂，没有竞技，现代体育就失去了魅力。关键在于，我们不应被竞技运动的形式、内容和规则束缚，而是要对竞技运动进行改良和创新，使其更加符合高校体育教学的实际需求和学生身心健康的发展规律。我们应当充分利用竞技运动的独特魅力，吸引学生积极参与体育运动，促进他们身心健康发展，培养他们的个性和意志品质。

（二）注重高校体育教学思想的整合

回顾我国体育发展的历程，不难发现，我国的体育教学思想深受外国教育理论的影响。从夸美纽斯的“大教学论”到洛克的“绅士教育”，再到法国教育家让－雅克·卢梭（Jean-Jacques Rousseau）的“自然教育”以及瑞士教育家裴斯泰洛齐（Pestalozzi）的“教育必须顺乎自然”等，这些理论都对我国体育教学产生了深远影响。20 世纪末开始，瑞士心理学家让·皮亚杰的“建构主义”、美国教育心理学家霍华德·加德纳（Howard Gardner）的“多元智能理论”等进一步丰富了我国的体育教学思想。此外，康有为、蔡元培等本土学者的体育教学思想也处于重要地位。由此可见，我国体育教学思想呈现多元化发展态势，因此，整合高校体育教学思想显得尤为重要。

我国学校体育发展史是移植、吸收、内化国外教育理论，并不断进行中外文化交流，最终实现体育学科现代化、科学化的历史。[①] 整合与研究国外体育教学思想有助于我们更好地了解国外先进的体育教学理念，总结和反思国外体育教学理念对我国体育教学发展的影响，从而使我们更深刻地认识我国高校体育教学现代化演进的历程和现状，为高校体育教学的发展奠定坚实基础。然而，对国外体育教育理论的引入并非全盘照搬，而是需要辩证地看待，取其精华，去其糟粕，这样才能更好地促进我国高校体育教学的发展。

---

① 刘翊军，高峰．国外教育家体育教育观对我国学校体育的影响与启示：评《近现代国外著名教育家体育教育观研究》[J]. 当代教育科学，2016（15）：66.

（三）坚持以学生为本的教学思想

高校体育教学需要注入更多的人文精神，应满足个体需求，促进学生身心全面发展。

以学生为本的体育教学应从两方面入手：一是尊重学生的需求，注重他们的情感体验，确保每个学生都能体会到学习和成功的乐趣；二是充分关注学生的个体差异，包括身体形态、机能素质、运动技能掌握程度以及个性发展和意志品质等。体育教师在教学过程中应综合考虑这些因素，因材施教，采取有针对性的教学方法和改革措施，真正践行以学生为本的理念。

例如，可以将传统的点名簿转变为健康记录卡，记录学生的健康指标、个性品质、体育兴趣爱好、锻炼反馈等信息。这一形式上的变化是落实健康第一教学思想的重要一步。在此过程中，高校体育教师需要重塑形象，重新定位角色，担当起指导者的身份，唤起学生对体育锻炼的热情，赢得学生的尊重和认可，从而真正贯彻落实以学生为本的教学思想。

第二节　高校体育教学理念的改革

一、高校体育教学理念概述

（一）体育教学理念的概念

体育教学理念可以理解为体育教师在长期教学实践中形成的对体育教学的基本观点和根本看法，以及在此基础上构建的相对稳定的思想和观念体系。

体育教育理念与体育教学理念既相互区别又相互联系，两者在内容上可能存在相同或相似之处，但在具体指向上存在明显的差异。例如，“以学生为本”作为体育教育理念，其主要指向体育教育目的这一宏观层面，旨在服务于人的全面发展；而作为体育教学理念，则更侧重体育课堂教学这一微观层面的具体实践活动。由于指向的不同，两者在具体化过程中所产生的影响也各不相同。

（二）高校主要的体育教学理念

结合我国体育教学的发展状况来看，目前高校主要的体育教学理念可以归结为以下几方面。

1. 三生教育理念

（1）三生教育的含义

三生教育，即生命教育、生存教育和生活教育的统称。这一教育理念最初在云南省萌芽，随后在全国范围内得到了广泛推广和实践。其核心目的在于借助教育的力量，引导受教育者树立正确的三生观念。

①生命教育：从本质上来讲，生命教育贯穿人生的全过程，涵盖了从诞生到逝世各个阶段的教育内容，包括生活与生存的技巧、成长与发展的路径、本性与价值的探索。生命教育的终极目标，是通过有效管理生命，确保个人生命价值的充分实现，从而为社会乃至人类做出积极贡献。[①]

②生存教育：从个体层面讲，生存教育旨在帮助学生掌握必备的生存技能，选择适宜的生存方式，并学会在困境中自救，以确保形成一定的生存能力。而从社会层面来看，生存教育则强调正确处理人与自然、人与社会、人与家庭、人与学校等多重关系，倡导形成和谐统一的生存观念。

③生活教育: 生活教育是由著名教育家陶行知先生提出的最核心的教学理念，重点主张生活即教育，教育就是在生活中体现的，应当与生活密切联系，人从出生开始，就是在教育中学习、成长。受教育是一个终身的过程，只要有生活就会有教育，教育也会随着人们的生活改变而改变，教育应当通过生活这一渠道才能有效发挥真正的力量，从而成为真正的教育。

（2）三生教育理念应用的必要性

第一，生命教育理念应用的必要性主要体现在以下两方面。

一方面，生命观发展有待完善。当前，部分大学生对生命的意义缺乏准确、深入的理解，生命意识相对淡薄，生命观发展尚不成熟。例如，大学生轻生率呈上升趋势。这不禁让人发问：在大学这样一个充满希望的人生阶段，为何会有学生做出这样的选择？这既与社会环境的复杂有关，也与家庭、学校在情感、道德、人格培养方面的不足有关。这些因素导致学生对生命产生误解，甚至做出漠视生命的行为。因此，对大学生加强生命教育显得尤为迫切。

另一方面，生命教育途径需进一步完善。目前，高校的生命教育途径尚不能满足大学生的需求。虽然高校通过生命教育课程、专题讲座或隐性课程等方式开展生命教育，但这些途径的利用频率并不高。例如，部分高校的生命教育并未被纳入基础课程，讲座和心理咨询的开展频率较低，这在一定程度上限制了学生接

① 姜珊珊．基于生命教育视阈下的高校思想政治教育教学路径 [J]. 才智，2020（25）：29-30.

受生命教育的机会和寻求心理咨询帮助的途径。虽然可以将其他课程作为载体推进生命教育的实施，但面对快速变化的社会环境，高校的生命教育似乎显得有些力不从心。生命的意义不仅仅取决于个人的主观判断，更需要结合亲身体验来领悟。而高校体育活动正为学生提供了这样的机会，对生命教育起到了积极的促进作用。

第二，生存教育理念应用的必要性主要体现在以下两方面。

一方面，生存能力亟待提升。随着社会的迅猛发展，物质文明与精神文明日益繁荣，同时社会问题的复杂性和未知性也在不断增加。在这个充满挑战的时代，大学生多身处象牙塔之中，缺乏实际经验和应对问题的能力。当面临交通事故、火灾等严重威胁生命安全的事件时，他们往往感到手足无措。这不禁引发思考：为何大学生缺乏基本的生存能力？其原因主要有两方面：一是社会发展速度过快，大学生尚未完全适应这个快速变化的社会环境；二是传统教育的局限性，使得大学生偏重理论知识的学习，而忽视了亲身实践的重要性。因此，加强大学生生存实践能力的培养，已成为高校教育的一项重要任务。

另一方面，生存教育的实施力度有待加大。学校在开展生存教育方面渠道有限，亟须进一步强化生存教育的实施。目前，生存教育主要通过生存教育课程、专题讲座以及课外实践活动这三种形式进行。

专题讲座往往会涵盖火灾、洪水、交通事故等突发事件的应对策略，但遗憾的是，当前高校举办专题讲座的频率并不高，仅有少数学校会在学期初或寒暑假前夕进行简短的宣讲。

课外实践活动作为生存教育的重要组成部分，深受学生喜爱，他们更愿意在课外时间自己动脑筋、动手解决问题。然而，课外实践活动的开展次数却远远不足。这在一定程度上源于当前独生子女家庭较多，家长对孩子过度保护，对孩子参与户外活动存在诸多担忧。因此，学校出于安全因素的考虑，对学生参与户外活动持谨慎态度，认为教室是相对安全的场所。

将生存教育的理念融入体育课程，可以有效填补其他文化课程中生存教育的空白。生存教育的核心理念在于增强学生的生存意识，提升他们的生存适应能力和创新能力，使他们更加关注社会与自然。而体育教学的目标之一，正是让学生深入理解生存教育的内涵，并通过实践操作，使学生真正掌握生存技能，以满足社会的需求。

第三，生活教育理念应用的必要性主要体现在以下两方面。

一方面是生活习惯的不稳定性问题。在信息化快速发展的时代，网络占用了大学生的大部分时间。一部分大学生生活规划随意，倾向于待在寝室观看网剧；而有追求的学生则可能利用网络在自习室或图书馆进行数据查询或上网课。对于较为散漫的学生群体，他们对生活的认识不足，未能珍惜宝贵的大学时光，未能养成良好的生活习惯；而对于沉迷于学习的学生，他们可能缺乏对生活的全面理解，在与他人和社会的交往以及生活技能的培养方面存在短板。因此，全面培养大学生正确的生活观，加强生活教育，重视生活教育理念的应用显得尤为迫切。

另一方面，生活教育方式还需进一步健全。大学生活的独特性以及学生对这一阶段的认知，制约了生活教育融入方式的拓展。学生在理解生活意义、追求未来生活以及平衡学习与休闲、工作与生活等方面，存在着不和谐的现象。部分学生受传统教育观念的束缚，自我要求严苛，在校期间忙于参加各类考试，这在无形中给他们带来了沉重的负担，使他们的生活失去了应有的活力与色彩。

目前，高校实施生活教育理念的主要载体包括生活教育相关课程、班级文化活动、寝室文化活动等。然而，大学生的日常生活质量受到诸多因素的制约，学校、家庭、个人需携手合作，共同创造有利条件，以进一步提升大学生的生活品质。审视当前生活教育的发展态势，不难发现其仍面临诸多局限：生活教育课程体系缺乏系统性构建，班级和寝室文化活动的举办频率偏低，教室、寝室、图书馆“三点一线”的生活模式已难以满足大学生提升生活质量的迫切需求。

鉴于此，培养大学生正确的生活观念显得尤为重要。为了更好地提升学生的整体生活质量，学校应在生活教育方面采取切实有效的措施。体育课程因其有较强的开放性，为学生提供了发挥主观能动性的广阔舞台，有助于促进他们的全面发展。学生可以选择自己喜爱的运动项目投身其中，与志趣相投的朋友一同为共同的兴趣爱好挥洒汗水，充分感受运动带来的愉悦，丰富自己的校园文化生活，从而促进身体素质和心理素质的提升。

2. OBE 教学理念

（1）OBE 教学理念的概念

OBE 教学理念中的 OBE 是 Outcome Based Education 的缩写，即成果导向教育，其理念内涵是将全体学生的成功作为课程发展的前提和假设，而其中的“成果”指的是学生是否在一定时间的学习过程之后获得了与之相应的学业成就以及能够适应未来个人进步需求的综合素质。

从本质上讲，OBE 教学理念就是学习产出式教学。美国教育家威廉・斯派迪（William Spady）等人于 1981 年共同提出了这种新型教学理念，这一理念现阶段在一些欧美国家被作为主流教学指导理念。2013 年，我国加入《华盛顿协议》（工程教育本科专业学位互认协议）后也渐渐采纳了此教学理念，将其作为指导我国工科教育的重要理念。

（2）高校体育 OBE 教学理念的树立

第一，最终结果决定。在 OBE 教学理念指导下，学习成果应当通过个人的能力结构和具体的课程教学经过来获得，学生需要理性地分析现有的课程安排与自身能力结构之间的关系，从而确保课程内容与能力的对应性。如此一来，学生能够在学习完固有的课程体系内容之后自然而然地取得预期的学习效果，促进合理的学习能力结构的形成。

随着教学改革的不断深化，高校体育课程对学生群体的意义愈发凸显，是一门旨在促进学生全面发展的基础性课程。高校体育教学最终目标的达成并非依赖传统的课堂讲授、机械训练等单一方式，而是依赖于学生个体在全部的学习过程结束及完成后所达到的最终层次。这一最终层次具体指的是学生在完成大学固有的体育课程训练安排后是否真正在技能和德育方面具备了足以支持其未来可能从事的工作岗位所需的实际操作能力、训练手段、技术能力和道德修养。这种训练结果与高校体育课程的具体教学内容、教育方式和训练体系的合理性和有效性息息相关。

第二，运动内化成效论。高校体育的锻炼经历是长期的，其中的重要内容并不仅是学生对学习内容的理解和掌握，更不能简单地理解为对运动技能展开暂时性的学习。高校体育锻炼的深层次内涵是让学生在心灵深处逐渐内化吸收所学习的体育教学内容，并满足终身体育锻炼的需求。高校体育教学应当让学生在课堂训练的过程中形成自主自觉训练的良好习惯，有效培养学生自主自觉进行体育锻炼的能力、熟悉和遵守规则的自我意识、理解裁判判定尺度的能力以及强大的抗压能力和坚定的意志，使高校体育成为学生内心精神需求的重要组成部分，这是从根本上保证和延续训练成效的方法。

第三，终身体育运用论。高校体育教学并不是简单地让学生在常规的课堂学习中获取和应用知识点的过程，更是学生有效培养终身体育锻炼的习惯、积极价值观念和价值取向的关键环节。学生的课堂学习过程也是一个培养持续体育锻炼能力的过程。终身体育锻炼能力对学生未来走入社会大有裨益，良好的身体素质能够帮助学生应对未来工作中的挑战，减少健康问题的发生。因此，高校体育教学不仅应注重体育技能的传授，还应重视培养学生持续锻炼的能力，促使学生具备终身体育锻炼的技巧和意识。在这一过程中，学生还应当养成为人民服务的精神品质，作为未来工作的精神支撑，这样才能贯彻落实终身体育锻炼理念，从而实现健康管理的目标。

第四，体验式教学。所谓“实践出真知”，从实际操作的过程中获得并总结得出的结论相对而言是极为可靠的，更不容易遗忘。运动员自身获得的体育成绩越接近其实际学习经验，就越有希望成为一个长期目标。而在长期训练下获得的体育教学成果也能够更加长久地保留下来。因此，知识的传授并非学习过程最为重要甚至唯一的一环，教师需要适当调整革新传统的课堂教学方式，将课堂教学主导方面改为学生自身的体验学习，为课堂学习带来更加真实的体验活动，对体育锻炼产生发自内心的体验感受，促使校园体育的课后二次训练率进一步提升，推动学生在技能掌握和性格养成方面的成长。

第五，生活实用化导向。高校体育教学的日常实践训练具有举足轻重的地位，在实施过程中应当注重训练强度与基础设施条件的配合。在考虑大型体育设备的安装配置、专业教练的聘用以及固定训练时间的安排时，必须确保这些因素能够相互协调，共同促进训练效果的提升。除此之外，体育训练不能过于依赖器械，否则会导致学生未来对于大型专业设施的过度依赖，使学生难以脱离器械训练，阻碍终身体育习惯的养成。此外，教学设计应更加注重生活实用性，发展碎片化的教学内容，实现高校体育课程的灵活开展，使体育受众群体在学习、工作的间隙和空闲时间都可以采用适合自身特点的体育锻炼方式，从而推动体育锻炼的效率和概率的极大提升。

3. 休闲体育理念

体育运动是一种优异的休闲方式，随着素质教育理念的广泛传播，高校对体育教学的重视程度日益提升。体育锻炼不仅能增强体质，还能有效缓解压力，促进学生的身心健康。将休闲体育理念融入高校体育课程，对于提升体育教学的质量与效果具有重要意义。以下简要阐述其引入的必要性和具体应用情况。

（1）高校体育课程引入休闲体育理念的必要性

随着教育行业的持续发展，教学主体的需求也在不断变化。体育教学已不再仅仅局限于提高学生的身体素质，更需培养学生的终身体育意识。面对这一需求变化，高校体育教师需优化教学模式，增加课程的趣味性，以激发学生的学习兴趣，培养学生的锻炼习惯。高校体育教学应满足自主性、娱乐性、灵活性等要求，因此，引入休闲体育理念具有显著优势。

第一，满足和谐教学的需求。体育锻炼旨在增强学生体质，保障学生健康。同时，体育课程还能提升学生的社交能力，营造和谐氛围，增进学生间的友谊。提高高校体育教学质量，能改变学生对体育课程的态度，使其积极参与体育活动。在高校体育课程中引入休闲体育理念能营造轻松的教学氛围，还能提升学生的智力和心理承受能力，有助于其在未来工作和生活中更好地应对压力。此外，在高校体育课程中引入休闲体育理念还能帮助学生树立正确的体育价值观，培养运动习惯，这也是高校体育教学的主要目标。

第二，符合素质教育的要求。体育作为高校课程的重要组成部分，是素质教育对高校教学改革的具体要求。高校应注重培养学生的综合素质，使学生树立终身运动意识。除了提高学生的知识水平，还应拓宽知识广度，培养学生的实践能力、社交能力和承压能力。素质教育要求高校将学校体育与社会体育相结合，使学生认识到体育在社会生活中的重要性，养成健康的生活方式，体验体育运动的乐趣。在高校体育教学中融入休闲体育理念，有助于推动体育素质教育的实施，避免高校体育与社会体育脱节。

（2）高校体育课程中休闲体育理念的应用实践

休闲体育作为一个新兴概念，将其引入高校体育教学中，无疑能够显著提升教学的质量。在当今社会，大学生面临着多方面的素质要求，他们不仅需要具备出色的人际交往能力，更需要拥有强健的体魄以应对学习、工作和生活中的种种压力。休闲体育涵盖了多种体育运动形式，它不仅能够帮助学生消除疲劳，更能保证他们在运动中体验到身心的愉悦，从而满足他们身心健康与自身发展的双重需求。就高校体育课程而言，将休闲体育理念引入其中，不仅能够促使学生参与体育活动的积极性得以提升，还有助于培养他们的团队合作精神和锻炼习惯。以下是休闲体育理念在高校体育课程中的应用建议。

第一，确立休闲体育文化观念。为满足社会对人才的需求，高校应提升学生对体育文化的认知。体育课程不仅旨在塑造学生的形体美，更注重其身心健康。通过体育锻炼，学生能舒缓身心，更好地适应社会，有效缓解生活和工作中的压力。在高校体育课程中融入休闲体育理念，能引导学生正确认识体育文化，树立终身体育思想，积极参与体育课程。

第二，丰富高校体育课程内容。各高校应根据自身的实际情况和地域特色，因地制宜地完善和丰富体育课程内容。不同的体育运动环境适宜开展多样化的运动项目。在选择体育运动项目时，高校体育教师应充分考虑人文地理的差异，遵循内容丰富、特色鲜明的原则，增强教学的灵活性和多样性。同时，应从促进学生健康的角度出发，以提升学生的身体素质和健康水平为目标，确保所选运动项目的难度适宜，充分展现休闲体育理念的优势和魅力。

第三，更新休闲体育教学理念。高校体育教师应具备创新思维，紧密结合教学要求，不断更新和完善教学模式与方法，深入贯彻科学发展观。休闲体育理念强调教学的趣味性和互动性，教师不仅要传授体育技能，还要激发学生的积极性和主动性，充分挖掘学生的体育潜能。休闲体育理念的融入有助于教师丰富课程内容，促使教师不断学习新知识、更新体育教学理念，满足高校对体育与休闲的双重需求。在高校体育课程教学中，应以引导学生形成健康的行为习惯为前提，帮助学生树立热爱运动、享受运动的观念。

4. 个性化教学理念

（1）个性化教学理念的内涵及要求

当今时代，个性化教学理念已在高校体育教学中得到广泛应用，与“以学生为本”的教学理念在某些方面不谋而合。两者均强调学生的主体地位及其合理发展路径。个性化教学理念尤为注重每个个体的独特性和个性差异，认为每个人都是独一无二的存在，拥有各自鲜明的个性特征。在此层面上，个人与个性相互映衬、相辅相成。积极推动学生的个性化发展，对于深化素质教育改革具有至关重要的意义。

高校体育教学应高度重视生命的多样性与独特性，充分尊重学生的个体差异。教育的核心目标应是基于每个学生的独特生命特质，促进他们的成长、进步与自我完善，而非抑制、压抑或抹杀他们的个性和独特性。教育应真正服务于个体，通过创设个性化、差异化的教育环境，满足每个学生独特的生命发展需求，实现真正的因材施教。

个性化教学在高校体育教学中扮演着举足轻重的角色，其重要性无须赘言。个性化教学是对传统教学的有力挑战与颠覆，这一转变不仅意味着教育组织形式的深刻变革，更标志着教育价值观和教育目的的革新与提升。这一变革对高校体育教学的全面发展产生了深远影响。

总体而言，个性化教学理念的核心内涵主要体现在以下两方面。

第一方面，尊重个体的独特性和差异性。在个性化教学实践中，教学重心转移到学生身上，教师树立起服务学生的理念，将学生的需求和特性作为教学活动的出发点和归宿。因此，在个性化教学实践中，教师所提供的内容正是学生所需求的，而教师的最大追求就是使学生满意。这是“以学生为本”教学理念的核心所在，这一理念要求教师充分尊重学生，并认识到学生个体之间的差异性和独特性，以便能够更好地因材施教。

第二方面，发挥学生的自主性和选择性。人的活动可分为自主活动和被动活动两种。人们在参与各种活动的过程中，只有当其成为活动的主体时，活动才是自由自主的，此时的人才是有个性的人。因此，自主活动是人发展自我个性的基础。个性化教学理念非常注重学生个体自主性的发展。

在具体的体育教学中，首要任务是让学生拥有自主性和选择权。在适当的条件下，个人有权力和能力支配、控制自己的活动，这就是自主性的体现。然而，学生的自主并非盲目的自由。相反，他们需要在教师提供的多样化教育资源中进行自主选择。这种选择既包括对不同学科内容的合理选择，也包括对教学内容的独立解读和理解。自主性与选择权密不可分，缺乏自主性就无法进行选择，而选择的过程则有效展示了学生的自主意识与能力。

（2）高校体育个性化教学的实施路径

在高校体育教学中贯彻个性化教学理念，应从以下几方面入手。

首先，确立个性化教学理念。体育教师在高校体育教学中发挥着至关重要的作用，树立个性化教学理念依赖于体育教师多重角色观的塑造和现代知识质量观的确立。在现代高校体育教学中，为促进学生个性的充分展现，教师应灵活扮演多重角色，如成为学生学习过程的引导者和激励者、学生全面发展的培育者、学生终身学习的引领者以及民主师生关系的构建者。体育教师若仅将自己视为单纯的授课者，则会抑制学生个性的发展，不利于学生的全面成长。个性化体育教学理念在注重体育知识与技能传授的同时，也强调学生个性的培养，注重提升学生的独立思维能力、学习能力、问题解决能力、环境适应能力以及社会适应能力等。由此可见，个性化教学理念顺应时代发展需求，具有显著的进步性。

其次，探索个性化教学方法。个性化教学理念摒弃了传统的“填鸭式”“满堂灌”教学方式，积极倡导构建“师生互动式”教学模式。在高校体育教学中，体育教师应充分激发学生的学习兴趣和求知欲望，为学生的个性展现与发展创造有利条件，为素质教育的深入实施营造优质的环境。这种教学模式的转变，实质上是对学生个性的解放，使学生在轻松愉悦的教学氛围中充分释放个性，实现全面发展。

最后，建立个性化教学体制和评估机制。为推动体育教学的创新与发展，高校应构建灵活、开放的个性化教育体系。在具体教学实践中，应给予学生充分的发展空间，促进学生的个性化发展，同时改革教材制度，赋予大学生和体育教师选择教材的自由。此外，还应改革现有的体育教学评估机制，确保评估体系更加多元化和全面，不仅关注学生的知识掌握程度，还要关注其综合素质和个性化发展，为学生的全面发展提供有力的保障。

5. 游戏化教学理念

（1）游戏化教学理念的含义

随着时代的发展，教学理念也在持续更新，其最明显的特点就是彰显学生的主体地位，强调学生在学习过程中的主观感受。在这一背景下，游戏化教学逐渐成为重要的教学理念。所谓游戏化教学，也就是趣味化教学，主要指的是在教学活动中根据学生的兴趣喜好，将所传授的知识与技能和游戏有效联系起来，让学生在学中玩、在玩中学，不仅让学生快速掌握知识和本领，而且让学生在学习的过程中能有快乐愉悦的体验。通过游戏化教学理念的合理应用，可以推动课堂的吸引力进一步提升，提高学生的参与度，最终促使体育教学整体效果不断提升，促进学生学科素养的发展与提升。

（2）体育游戏在高校体育教学中的实际应用

第一，在热身准备环节的应用。体育游戏在热身准备环节的主要作用是迅速组织学生，帮助他们进入体育技能学习状态，并激活身体机能。教师可以选择如反向动作等游戏，以使学生集中注意力，并在此基础上进行热身活动，激发大脑活力。传统的热身活动多以拉伸等肢体运动为主，过程相对枯燥，难以激发学生的学习兴趣。因此，在应用体育游戏时，应摒弃传统热身活动的思维定式，设计具有趣味性的游戏，使学生在游戏中完成热身准备。例如，可以用“拉网捕鱼”“听数抱团”等游戏替代传统的慢跑活动，让学生在课前热身中充分体验体育游戏的乐趣。同时，根据课程训练项目设计有针对性的热身活动，为后续的技能训练做好准备。如短跑课程训练前，可引入“穿梭跑”“圆形曲线跑”等游戏，提升学生的奔跑能力，使他们快速进入短跑训练状态。

第二，在技能教学环节的有效应用。在高校体育课程中，学生无疑是教学的主体，教学活动理应围绕学生这一中心展开。在体育技能教学过程中，教师应给予恰如其分的指导，以确保教学目标的顺利实现，并引领学生在教师的悉心指导下进行规范有序的练习。然而，传统的体育技能教学形式往往显得单一乏味，内容枯燥无趣，难以有效激发学生的热情和积极性。为此，我们可以巧妙地将体育游戏融入其中，以活跃课堂氛围，激发课堂活力，进而增强教学的趣味性和娱乐性。那些独特且有趣的体育游戏，能够加深学生对体育技能的印象，从而显著提升训练效果。

以足球技能练习为例，教师可以引入“模仿追逃”“斗鸡”“推人出圈”等富有创意的游戏，通过这些游戏不仅能够锻炼学生的腿部力量、假动作技巧以及急转急停能力，还能在无形中提升学生的对抗意识和协作能力，使他们在轻松愉悦的游戏中熟练掌握足球技能。

以羽毛球技巧训练为例，教师可以设计“追羽毛球加速跑”“羽毛球挪远”“羽毛球投准”等游戏。其中，“追羽毛球加速跑”游戏能够有效锻炼学生的奔跑能力；而“羽毛球挪远”和“羽毛球投准”游戏则需要学生灵活运用球拍，这不仅能够锻炼学生的力度控制能力，还能在很大程度上提升学生的身体协调性。当前，高校开展的篮球、排球、足球等体育活动，均可巧妙运用体育游戏进行技能训练教学，以此增强体育教学的灵活性和趣味性，进一步推动高校体育教学改革的深入发展。

第三，整理活动中的创新融合。在高校体育课程中，各类运动用具扮演着举足轻重的角色，其中球类用具更是处于举足轻重的地位。当体育技能训练结束时，及时、有序地归类整理运动用具便成为不可或缺的一环。为了将体育游戏的元素贯穿体育课堂的始终，教师可以围绕运动用具的整理活动精心设计体育游戏。

教师可以依据所使用的运动用具，巧妙设置一系列游戏关卡。学生需以小组为单位，携手并进，依次挑战并成功跨越各个关卡，方能顺利将体育用具归置到指定位置。以篮球为例，学生需先依次完成原地运球和行进间运球的挑战，以此检验他们的运球基本功是否扎实。随后，另一名学生需施展侧面抢球或迎面抢球的绝技，从运球的同学手中巧妙夺下篮球。抢球成功后，该学生需立即展开三步上篮的攻势，而此时，第三名学生则需眼疾手快，准确接住飞来的篮球，并运用娴熟的投球技能，将篮球精准投至指定位置。如此匠心独运的体育游戏关卡设计，不仅全面考查了学生篮球技能的熟练程度，还巧妙地将体育游戏与运动用具的整理活动融为一体，实现了体育游戏在整理活动中的创新应用。

二、高校体育教学理念的改革与创新

（一）高校体育教学理念改革的突破点

1. 正视多元体育教学理念的存在与发展

在人类社会的发展过程中，随着认知的不断深化，许多新的观点和理念不断涌现，教育领域中的教学理念与观点也在不断发展，体育教育亦不例外。在高校体育教学的发展过程中，出现过多种体育教学理念，这些体育教学理念之间既有相同之处，又有相互对立和矛盾的地方，但正是因为存在这些争论与矛盾，才使得体育教学理念能够不断发展、不断突破，并更具活力。不同的高校体育教学理念提出的教育背景不同，具有不同的侧重点，关注不同的体育教学问题。在不同的体育教学理念同时存在的情况下，这些教学理念的代表者会相互指出对方的弱点和不足，并展示自己的优点与可取之处。在这种情况下，这些理论就会相互借鉴与吸收对方的优点，并对自己的弱点和不足进行改善，促使体育教学实践不断完善。现阶段，我国高校体育教学理念的改革与突破应建立在充分借鉴多元体育教学理念的基础之上，同时将不科学的没有实际意义的理论淘汰掉，更加突出具有现实意义的思想理论，使这部分理论进一步发展壮大，以不断推动我国高校体育教学理念体系的完善。

2. 结合体育教学理念的发展规律推动其改革与发展

一般来说，一个教育现象和问题出现之后，会引起相关学者的关注与研究，并据此提出一些观点与看法，最终形成一种新的观念。根据这一发展规律可知，体育教学理念具有一定的滞后性，因此要对社会的需求及时加以预测，及早对高校体育教学理念进行完善。随着我国高校体育教学改革的日益深入，越来越多的人逐渐认识到不能再单纯地将教育结果、知识传授看作教育的一切，不应单纯地对社会和集体进行高度关注，而要将关注焦点转移到个体身上，要提倡一种能够服务于个体全面发展的有价值的教学理念。

当前，我国教学改革的一个核心方向是聚焦于人性化教育、人本化教育以及深化对教育意义与价值的理解。以学生为本的教学理念秉持平等原则，不将人划分为三六九等，对每个学生都一视同仁，绝不在培养过程中将人视作手段或工具。这一理念尊重每个个体，强调促进人的全面发展与自我实现，并且高度重视学生的自我体验与感受。教育在本质上是一个培养学生社会性的过程，在这个过程中，人既是教育的起始点，也是教育的最终目的。倘若教育忽视了对学生社会性的塑造与培养，那么它将丧失其独有的存在价值与本质特性。

3. 根据体育教学理念发展的影响因素促进其改革与发展

高校体育教学理念在不同时期会展现出各异的特色，这与人类的认知水平以及社会的客观发展环境息息相关。确切而言，理念是特定历史时期的产物，各种历史因素必然会对其诞生、发展及演变产生深远影响。体育的发展受到多重因素的制约，而建立在体育文化现象发展基础之上的高校体育教学理念同样也会受到这些因素的影响。

首先，体育的发展不可避免地受到政治因素的影响。在特定时期，社会政治需求会制约体育的发展方向。以竞技体育运动为例，它作为塑造和展现民族形象的重要途径，能够在很大程度上体现一个民族的尊严乃至一个国家的国际地位。

其次，体育文化与社会经济发展之间存在着密切的联系，并受到社会经济发展的深刻影响。

最后，科学技术的发展对高校体育教学的改革有着至关重要的影响。从某种意义上讲，现代体育尤其是竞技体育的发展，已经逐渐演变成了一场“科技较量”。体育运动发展过程中每一次新纪录的诞生，都蕴含着众多的科技元素。

在政治、经济、科技对高校体育产生重大影响的宏观背景下，我们必须充分利用其中的有利条件，同时将不利因素的影响降至最低，共同助力高校体育教学理念的发展与进步。

（二）高校体育教学理念改革的方向

1. 层次性和延续性方向

新时代，众多体育教学理念不断涌现，这些多样化的教学理念在不同程度上促进了高校体育教学的发展，为体育教学改革提供了明确的方向，加速了改革的进程。在高校体育教学实践中，学生作为体育教育发展的核心，其年龄差异导致他们在诸多方面存在显著不同。从教学指导思想在实际教学中的应用来看，各年龄阶段体育教学的重点倾向性较为相似，但在教材处理、教学方法选择及教学组织安排上，往往未能充分考虑学生的身心特点和地区特色，这在一定程度上阻碍了高校体育教学改革的推进。

因此，在新时代的高校体育教学改革中，应高度重视学生的长期与可持续发展。在教学理念上，应强调教育的层次性和各阶段的连续性，通过科学合理地组织与实施体育教学，结合不同年龄段学生的具体特点，构建具有明确层次性的体育教学指导理念。

2. 综合化方向

21 世纪以来，我国学校教育发展迅速，高校体育教学也要适应新时代的发展潮流，不断革新观念，以科学的、合理的、人性化的教学理念促进学校体育的发展。当前，素质教育是一种发展中的新的教学理念，它具有非常丰富的内涵。

现阶段，我国素质教育还处于发展探索阶段，人们试图通过不同的途径、采用不同的教学理念对高校体育教学实践进行指导，以使体育素质教育获得新的发展。随着素质教育的不断推进，我们迫切需要从其他相关理论中汲取和吸收“合理内核”，以不断丰富和完善素质教育理论体系。

（三）高校体育教学理念创新的策略

理念对个体的行为具有至关重要的影响。在高校体育教学中，要想取得根本性的进步，必须转变教学理念。相关实践经验表明，只有创新教学理念，才能推动传统体育教学的改革。在当前阶段，实现体育教学理念的科学创新，需要从以下几方面入手。

1. 更新传统体育教学理念

我国高校体育教学历史悠久，在漫长的发展历程中，体育教学理念历经多次变革与发展，对不同时期高校体育教学的进步起到了关键作用。在传统体育教学的发展与改革中，生物体育观发挥了基础性作用。进入新的历史时期，受人文体育观念的影响，教学改革中涌现出“学习领域目标”“课程目标”等新颖的概念。在体育教学中，教学目标被细分为多个层次和类别，确立了包括“身体健康”“运动技能”“心理健康”“社会适应”在内的立体化、多维度的教育教学目标体系。

在新时代，高校体育教学理念也应与时俱进，以终身体育为出发点，对体育教育的认识逐步从低级向高级、从封闭向开放、从单一向多元、从局部向整体转变。在创新教学理念的引领下，充分彰显教学理念的创新性和时代性，从提升创新素质、塑造创新人格、培养创新人才的角度出发，理性认识和判断体育教学规律及特征，使高校体育教学理念更具有指导性、时代性和创新性。

2. 融合多元体育教学理念

在高校体育教学的发展过程中，诸多体育教学理念被先后提出，这些体育教学理念并不都是先进的教学理念，有些教学理念只在特定的历史时期对体育教学起到重要的推动作用。在经济全球化背景下，各种思想文化处在不断地发展和融合之中，教学理念也呈现出这一发展趋势。随着改革开放的深化，我国高校的体育教学理念也呈现出多元化的发展趋势。

随着社会和时代的不断变革，不同的教学理念对体育教学的指导作用会呈现出促进或阻碍的双重效应。对此，我们应进行科学分析，批判性地继承与发展。以国外教学理念的发展为例，科学主义教学理念对经济社会的发展起到了重要的推动作用，顺应了社会发展的主流趋势。随着教育价值多元化逐渐被人们认识，人本主义教育思想开始与科学主义教学理念相融合，形成了现代人本主义教育思想，它关注学生的健康全面发展，对于新时代高校体育教学改革与发展具有重要的指导意义。

从中外教学理念的比较来看，受多种因素的影响，外国与我国的高校体育教学理念存在较大的差异。因此，我们需要比较与融合中外不同的体育教学理念。在比较的过程中，既要吸收外国高校体育教学理念中的优秀成分，又要摒弃那些不合时宜的内容。同时，还要比较中外文化背景，分析中外体育教学理念的共性与差异性。在共性中寻找结合点，在差异性中发掘不同的功能，将中外高校体育教学理念有效地融合起来，进一步完善我国高校体育教学理念的内容体系，从而推动我国高校体育教学的持续发展。

3. 体育知识（技能）教育与文化（人文）教育的整合

体育知识（技能）教育是以具体的体育知识（技能）为中心的体育教育，体育文化（人文）教育是一种内容丰富、层次多样的体育教育。现代高校体育教学理念关注学生的全面、科学、可持续发展，关注高校体育教学的全面、科学、可持续发展。在具体的高校体育教学实践中，不仅要向学生传授体育知识（技能），更要传承体育文化（人文）的精髓。通过体育教学活动，学生不仅能认同体育与体育文化，还能提升对体育文化的自信，将体育融入日常生活，形成新常态，实现终身体育。

第四章　高校体育教学目标与方法的改革

随着时代的变迁和社会的发展，高校体育教学也在不断地演变和进步。传统体育教学的目标和方法已经不能满足当代大学生的需求，因此，高校体育教学目标与方法的改革势在必行。本章围绕高校体育教学目标的改革和高校体育教学方法的改革展开研究。

第一节　高校体育教学目标的改革

一、体育教学目标的基本理论

（一）体育教学目标的概念

1. 目标

“目”主要指的是“眼睛”“观看的行为”“想要抵达的地点或期望得到的结果”“大类别中细分的小类别”“名称”“标题”“孔洞”“目录”等含义；而“标”则涵盖了“事物的细节或外观”“标志”“记号”“标准”“用文字等表明的方式”“竞赛中给优胜者的奖励”“标出的价钱”等意思。

将“目标”的多重含义综合起来阐释，其内涵主要涵盖五方面：①作为被攻击的对象；②在观察或射击时所瞄准的对象，即我们常说的射击目标；③必须通过不懈斗争和克服重重困难方能获取的事物；④在战略层面需要占据的关键位置，或是陆战、海战中计划要攻占的要点；⑤目的与标准的有机融合，即说话要有明确的目的，做事亦需有清晰的目标，且说话要预期产生何种效果，做事要完成至何种程度，都需设定明确的衡量标准。基于这些解释，结合教学领域的特性，我们可以将“目标”理解为教学过程中期望达成的且符合特定标准的结果。由此，可以进一步推导出，目标应具备预期性，即它是对未来的一种设想和规划；目标应具有可观测性，即其实现程度是可以被观察和评估的；

同时，目标还应具备标准性，即需有明确的衡量尺度和评判标准。

2. 教学目标

在教育学这一广袤的学术领域中，教学目标被精准地界定为师生通过一系列教学活动所共同期望达成的结果或标准。它具体而详尽地描绘了学生在完成教学历程后，所能展现出的能力水平或表现状态。教学目标即教学中师生共同预期达到的学习成果与衡量尺度。因此，教学目标的核心聚焦于学生学习之后预期的行为转变与能力提升。

教学目标，犹如教学活动实施过程中的一盏明灯，指引着教学的方向与路径；它亦是预期达成的学习成果，承载着所有教学活动的初始愿景与最终归宿。在教学活动的全过程中，教学目标始终扮演着举足轻重的角色。

3. 体育教学目标

体育教学目标是行动的指南和预期的成效，它指明了在各个教学阶段应形成何种成果以及最终要达成什么目标。因此，体育教学目标可以理解为，在实现体育教学总体目标的过程中所设定的各个阶段应形成的预期成果以及最终期望产生的成果。

（二）体育教学目标的分类

通常来讲，体育教学目标的分类主要涉及认知领域、情感领域、动作技能领域三方面，其中，不同目标所涉及的行为动词是不同的。

1. 认知领域

根据从简单到复杂的顺序，我们可以将体育教学中认知领域的教学目标分为识记、理解、运用、分析、评价、创造六个层次，如表 4–1 所示。

表 4–1　体育教学中认知领域的教学目标分类

层次	行为动词
1. 识记	界定、描述、指出、列举、选择、说明
2. 理解	转换、区别、估计、解释、归纳、猜测
3. 运用	改变、计算、示范、发现、操作、解答
4. 分析	关联、选择、细述理由、分辨优劣
5. 评价	鉴别、比较、结论、对比、检讨、证明
6. 创造	联合、创造、归纳、组成、重建、总结

2. 情感领域

根据价值内化的程度，可以将体育教学中情感领域的教学目标分为接受、反应、价值评价、组织、由价值或价值符号体形成的个性化五个层次，如表4–2所示。

表 4–2　体育教学中情感领域的教学目标分类

层次	行为动词
1. 接受	把握、发问、描述、命名、点出
2. 反应	标明、表现、遵守、讨论、呈现、帮助
3. 价值评价	邀请、验证、完成、阅读、报告、分享
4. 组织	坚持、安排、修饰、比较、准备、关联
5. 由价值或价值符号体形成的个性化	建立、分辨、倾听、实践、提议、品质

3. 动作技能领域

体育教学中动作技能领域的教学目标通常可以分为七个层次，即知觉、定式、指导下的反应、机制、复杂的外显反应、适应、创作，如表 4–3 所示。

表 4–3　体育教学中动作技能领域的教学目标分类

层次	行为动词
1. 知觉	描述、使用、抄写、理解、解释
2. 定式	选择、建立、安置
3. 指导下的反应	制作、复制、混合、依从、建立
4. 机制	操作、练习、变换、固定、修理
5. 复杂的外显反应	组合、修缮、专精、解决、折叠
6. 适应	改正、计算、示范
7. 创作	设计、发展、创造、筹划、编辑

（三）体育教学目标的特性

体育教学目标本身也有其显著特性，具体可以归纳为以下几点。

1. 前瞻性和曲折性

不同特性的体现方式是不同的，体育教学目标的前瞻性主要从教师对学生的指导作用上得到体现。而曲折性则体现了其激励作用。体育教学目标就是未来要取得的效果，在某种意义上来说是预测未来的事物。倘若要制订一个科学、可行的体育教学目标，首先要对教学实际有一个全面且客观的了解与认识，其次还要参照学生现有水平、能力等，从而使教师和学生可以在经过一定的努力之后达成教学目标。由此可见，制订的体育教学目标要具备一定的难度，否则，就失去了努力的意义。

2. 方向性和终结性

体育教学目标中蕴含着特定的价值取向，这种价值取向具有鲜明的方向性，从而赋予了体育教学目标明确的方向指引。具体而言，体育教学目标的方向性是指它能够为体育教师和学生指明努力的方向、努力应达到的程度以及期望得到的效果。

同时，体育教学目标还具有终结性。这一特性体现的是对特定学生在体育学习过程中应达到的结果的期待。这里的终结性并非指体育学习的终点，而是可以理解为体育过程中相互联系的各个“阶段性目标”或“歇脚点”。这些阶段性目标构成了体育学习过程的组成部分，与整个体育学习的终点并非等同关系。

（四）体育教学目标的功能

有些体育教师对体育教学目标的功能存在误解，视其为无实际用处的形式主义。然而，体育教学目标实则是体育教学设计的基石，对教学方法的选择、师生互动活动的安排以及教学效果的测量与评价均起着定向和制约作用。明确的教学目标使体育教学有的放矢，其具体功能如下。

1. 指引教学方向

体育教学目标作为教学活动的预期结果，为体育教学过程提供了明确的方向。它引导师生将精力集中于与教学目标相关的任务上，排除无关干扰。教学目标的确立，避免了教学的盲目性，确保了教学目标的顺利达成。实践证明，体育教学效果与教学目标的定向功能密切相关。正确的教学目标定向能带来正向教学效果，反之则可能导致负向教学效果。优秀的体育教师总能在教学伊始就向学生明确教学目标，以此引导学生，从而取得良好的教学效果。

2. 指导教学方式

体育教学目标一旦确定，教师即可据此选择教学方法、教学策略和教学媒体，开展教学活动。教学目标在体育教学中起着重要的指导作用。同时，教学目标与控制紧密相连。教学管理人员和教师明确教学目标后，通过教学反馈，可以及时纠正教学偏差，确保教学活动紧密围绕教学目标的实现进行，避免教学的盲目性，加速教学进程，提升教学效果。

3. 指导学生学习

在体育教学领域，学生的学习进程是在明确且具体的教学目标指引下有序推进的。在教学活动起始阶段，教师有必要向学生清晰且精准地阐释学习目标，旨在吸引学生的注意力，使其聚焦于即将学习掌握的目标内容，进而激发学生对学习的期待心理以及追求目标的热切渴望，这对于切实提升学生的学习积极性与主动性效果显著。

在教学进程中，基于目标导向的教学测量与评价体系，能够为学生提供高效学习路径的关键信息，助力学生筛选适配的学习方法与策略，保障学习进程契合目标设定的要求。待课程结束后，学生可参照既定的目标，对自身学习效果实施自我评估，并深入剖析学习活动中的优势与短板。

就教师而言，体育教学目标的制订是一项严谨细致的工作任务，要求教师不仅要拥有深厚扎实的体育学科专业知识储备，还应熟悉相关的教学理论知识，掌握教学内容中的基本原理、方法与技能要点。这一过程对于增进教师的教学素养与提升教学水平具有不可忽视的重要价值。

从学生层面出发，清晰明确的教学目标有助于增强学生的课堂参与感与学习投入度，辅助其更为合理地规划学习方案，明确学习过程中的重点内容与难点部分。一旦成功达成教学目标，学生将会收获成功的愉悦体验，从而以更为主动积极的姿态投身于后续的体育教学活动之中。

4. 指导教学评价

教学评价是提高体育教学质量和教师教学水平的关键环节，其标准来源于教学目标。因为教学活动是紧紧围绕教学目标展开的，所以教学目标的合理性和客观性是正确评价体育教学质量的基础。若教学目标不合理，就会影响教学评价的准确性。

体育教学目标不仅为体育教学效果评价提供了标准，还为教学目标的测定提供了反馈。在教学过程中，教师应充分发挥教学目标的评价功能，优化教学过程，提高体育教学质量。

二、高校体育教学目标的改革与发展

（一）高校体育教学目标的改革策略

改革高校体育教学目标，需要从以下四方面进行。

1. 完善学校体育规章制度

从某种意义上来说，社会对学校体育课程的要求，不仅是学校体育课程改革的基础，也是学校体育教学改革的落脚点，同时还是保证社会科学发展和推动学校体育课程实施效果的必要环节。

学校体育课程的实施，不仅需要师生的共同参与，还需要一定的制度作为保障，即必要的体育规章制度。由此可见，学校体育规章制度的完善程度在一定程度上决定了学校体育课程实施的顺利与否，也会影响其最终的教学效果。从某种程度上来看，体育规章制度是学校体育教学的重要组成部分，能够促进学校体育教学环境的优化，推动学生的全面发展。

2. 提升人才培养观念的全面性与科学性

对于学校体育教学实施、课程目标而言，人才培养目标是决定性因素，其在培养创新型、综合型人才方面所起到的作用十分显著。因此，我们应做好以下两方面的工作：一方面，在国家决策层面上，要做到提高素质教育的力度；另一方面，学校、家长、社会也要树立全面的人才观念。另外，还需要强调的是，学校体育教学的规划和学校体育的培养目标都要契合体育教学标准，保证人才培养观念的科学性。

3. 提高学校体育课程管理的水平

为了能够顺利进行学校体育教学改革，并且确保教学实施的效果，就必须加强对体育课程教学的管理，这也是学校体育教学管理系统良好运转的重要保障。

通常来讲，学校体育教学管理系统包含各个相关机构，如体育教学决策机构、体育教学实施机构、体育教学监督机构、体育教学反馈机构等。其中，体育教学决策机构应基于体育教学计划、体育教学标准的相关要求，制定学校体育教学的实施规划、培养目标、实施细则等，从而有效保证学校体育教学实施规划和培养目标落实到个人，对学生的全面发展起到积极的促进作用。

4. 重视健康理念与高校体育教学目标的结合

（1）要将养生理念纳入高校体育教学目标中

随着社会的迅猛发展，人们的物质生活水平得到了显著提升，但与此同时，也带来了一些负面影响：生活和工作压力增大，心理负担加重，亚健康人群和现代疾病患者比例不断上升。尽管体育对增进健康有着积极作用，但其功能仍存在局限性。

体育在预防和治疗现代疾病方面针对性不足，其主要作用仍集中在提升速度、力量、耐力、柔韧性等身体素质上。若要挖掘体育对现代疾病的预防和治疗潜力，需从养生入手。传统体育养生强调心静、气和、阴阳平衡、体态自然，追求健康长寿而非单纯的强壮，体现出对生命的敬畏，旨在培养人的良好习惯，保持机体动态平衡。这与现代体育存在明显差异。

体育养生历经千百年锤炼，凝聚了无数先辈的智慧和心血。体育养生源自人民，也必将在人民生活中发挥重要作用。将传统体育养生文化融入体育教学目标，不仅能丰富学校体育课程的内容，还能弘扬民族文化，对普及全民健身、增强学生科学保健意识大有裨益。

（2）要将饮食营养纳入高校体育教学目标中

“生命在于运动”这句话彰显了体育运动对生命和健康的重要性。体育锻炼是促进健康的有效途径，而合理的饮食营养则是确保体育锻炼顺利进行的重要保障。由此可见，合理的饮食营养构成了人体生长发育的物质基石，体育锻炼则是提升人体机能的有效手段，二者相辅相成、不可或缺。

高校开设体育课程的目的之一是增强学生的体质。为了全面提升学生的身体素质，还必须重视合理的饮食营养。因此，将饮食营养纳入高校体育教学目标，是现代社会发展潮流的必然要求，对于增强我国大学生的体质具有十分重要的意义。

（3）要将养成良好的锻炼习惯纳入高校体育教学目标中

随着政治、经济及科学技术的快速发展，人们的生活水平显著提升，但现代疾病如肥胖症等也随之增多。体育活动作为减肥健身的有效途径，日益受到重视。

如今，健身房已成为人们健身的重要场所，其中的健身项目日益丰富，如健美操、形体训练、器械训练等，花钱追求健美与健康已成为社会趋势，体育已深深融入人们的生活中。良好的锻炼习惯对身体健康具有长远意义，从小养成良好的锻炼习惯能显著降低现代疾病的发生概率。

对于高校体育教学而言，培养学生对体育的兴趣和爱好，并促使他们养成体育锻炼的习惯，是衡量高校体育教学成效的重要标志。在高校体育教学过程中，培养学生养成良好的锻炼习惯，对于提高教学效果、促进学生身心健康具有重要意义。

因此，高校体育教学应高度重视学生良好锻炼习惯的培养。在未来的高校体育教学目标发展中，将养成良好的锻炼习惯作为重要方向，是必不可少的。

（二）高校体育教学目标的发展要求

对于高校体育教学目标而言，要获得进一步的发展，需要满足几个基本要求，具体如下。

1. 要满足社会对高素质人才的需求

当下，高速发展的社会对高素质人才的渴求愈发强烈，这一趋势已成为各领域关注的核心要点。高素质人才不仅要拥有扎实深厚的知识根基，更应具备突出的创新及执行能力以及优良的道德素养。高校体育教学在高素质人才培育中扮演着关键的角色，其重要性不容小觑。

在体育教学目标的规划与完善进程中，我们要精准把握社会对人才的需求走向，将人才培育的宏观目标与具体的体育教学目标深度整合，高度重视学生综合能力与素养的培育。我们要设定科学合理的体育教学目标，全方位推动学生在德、智、体、美、劳层面的协同发展，为社会的未来发展铸就坚实的人才支柱，使其能够顺应时代潮流，担当起社会发展的重任，满足社会对高素质人才的急切需求，进而推动整个社会持续稳步地向前迈进。

2. 要满足学生体育方面的需求

学生是体育教学的主体，教学目标的制订与完善必须符合学生的身心发展特点，激发学生的学习兴趣。只有这样，才能确保体育教学目标的科学性和可行性。

随着素质教育的深入推进，学生对体育的需求也在不断变化。除了顺利升学和强身健体，他们更希望体育活动能成为休闲、娱乐以及同学间交流的重要途径。因此，在制订和完善体育教学目标时，体育教师应充分考虑增加体育教学活动的娱乐性和互动性，以满足学生多元化的体育活动需求。

第二节　高校体育教学方法的改革

一、体育教学方法的基本理论

（一）体育教学方法的含义

体育教学方法是一个总称，包括在体育教学过程中采取的多种教学方式和教学手段，目的是实现体育教学目标。体育教学方法是一个整体概念，可以对其进行多方面的理解。

1. 体育教学方法是“教”与“学”的统一

顾名思义，体育教学方法事实上包含教师的“教”与学生的“学”两方面的内容，即“教”与“学”的统一，其强调的是师生的互动交流。只有师生两个主体都充分发挥主动性，才可以取得有效的教学效果，才可以充分发挥教学方法的作用。针对学生的整体或个体情况，教师选择合适的教学方法和教学手段，这样有针对性的教学方式具有很强的互动效果，从而在师生的交流与接触中，逐步实现教学的目的。

2. 体育教学方法是师生动作与互动行为的总和

体育教学方法涉及教师和学生两个主体。由于体育教学的独特性，其教学方法依赖于师生间的互动来实施。因此，体育教学方法的内容涵盖了师生的行为动作以及与教学相关的互动的总和。

体育教学不同于其他学科教学，它更注重身体动作的实践。在教学过程中，除语言交流外，更多的是通过身体动作进行交流。为确保动作的正确性和规范性，体育教师需要进行示范、讲解，并仔细观察学生的动作是否达标。一旦发现动作错误，教师应及时纠正，帮助学生掌握正确的动作和技能。同时，教师还需监督学生重复练习，以确保他们熟练掌握正确的动作和技能。从这个角度来看，体育教学方法是教师和学生在教学过程中的动作与互动行为的综合体现。

3. 体育教学方法与教学目标不可分割

教学方法是实现教学目标的手段，为达成教学目标而服务。若脱离了教学目标，教学方法便失去了其存在的意义。教学方法服务于教学目标，采用恰当的教学方法能够更高质量、更高效地实现教学目标，两者之间存在着密切的联系。教学目标是教学方法的依托，而教学方法则是实现教学目标的必由之路。二者相辅相成、不可分割，一旦分割，教学方法将失去方向，教学目标也将难以实现。

4. 体育教学方法具有多元化功能

随着社会的迅猛发展，体育被赋予了更为丰富的内涵，体育教学的功能也趋向多元化。当代社会，体育教学不仅让学生掌握动作和技术，还承担着促进学生全面发展的使命。所以，体育教学方法也要相应地具有多元化功能，不仅要实现体育技能教学的目标，还要促进学生增强身体素质和运动能力，培养学生的思想道德品质，提高学生的心理素质，促进学生的全面发展。

（二）体育教学方法的特征

1. 多感官参与性

由于体育教学具有特殊性，在体育教学活动过程中需要调动人体多种器官共同参与，需要做到感知、思考和练习三者的有机统一，才可以确保顺利完成体育的“教”与“学”。以具体的体育动作的教学为例，首先需要教师为学生进行动作示范，并为学生讲解动作的要点，学生则需要理解教师讲解的理论知识，并按照自己的观察和理解对教师的动作进行模仿，随后进行动作的重复练习，此外，教师还要观察学生的动作规范性，纠正其错误的动作。在整个过程中，参与者需要观察、聆听、思考、行动，调动眼睛、耳朵等多种感官共同完成训练活动。

根据体育教学活动的多感官参与性，体育教师在教学过程中应灵活运用多种方法，以充分调动学生的各种感官投入教学活动中，使学生更加专注且积极地参与学习，促进学生高效、高质量地完成体育学习任务。具体而言，体育教师应在教学活动中引导学生集中注意力，鼓励他们积极思考，指导他们注重动作技能的调控，并通过大量重复练习来加深记忆，从而产生良好的教学效果。

2. 感知、思维和练习有机结合性

学生学习体育动作的过程是复杂而系统的，它涵盖了感知、思考、记忆、想象，直至将思维转化为身体动作，并成功掌握正确动作的全过程。因此，体育教学实质上是感知、思维与练习相辅相成的过程。

在体育教学中，学生首先感知外界信息，大脑接收这些信息后进行思维活动，对信息进行分析和处理，最终根据处理结果发出指令，指挥身体器官完成相应动作。练习的原理在于，通过不断重复动作，帮助学生建立动力定型，形成身体记忆，使动作达到自动化程度，从而牢固掌握动作。

因此，体育教学方法的实施过程，也是学生将认识与实践、思维与身体紧密结合的过程，是感知、思维与练习三者的有机统一。在学习体育动作的过程中，感知信息是动作学习的基础，思维活动是动作学习的核心，而练习则是掌握动作的关键手段。

3. 实践操作性

体育教学与其他学科的主要区别在于其强调身体要素，教学方式以身体运动为主，因此，体育教学方法必须具备实践操作性，能应用于体育教学实践中。体育教学也借鉴了其他学科的教学方法，如用于讲解理论知识或动作要领的讲解法。

但在借鉴时，需根据体育教学的特点、环境及学生的具体情况进行调整，以更好地适应体育教学的需求。

由于体育教学侧重身体运动，学生需要实时感受自身的运动体验才能有效完成学习，因此，教师在选择和安排教学方法时，必须充分体现体育教学的实践操作性，不能仅停留在理论层面。否则，学生无法牢固掌握动作技能，也无法有效增强体质和提升心理素质。体育教学方法最终需应用于教学实践，并经过教学实践的检验，才能判断其有效性。

4. 师生互动性

体育教学活动的开展需要师生双方的共同参与。体育教师在选择教学方法时，不应仅仅局限于组织活动让学生参与，也应适时融入学生的练习、发现、探索过程中，及时给予正确的教学指导。体育教学方法的应用应促进教师和学生积极参与体育教学活动，并加强师生之间的互动与交流。

5. 时空适应性（或阶段有效性）

体育教学过程可划分为多个阶段，每个阶段都呈现出鲜明的特点。在教学的初级阶段，教师通常处于主导地位，负责传授体育知识和动作技能。随着教学的逐步推进，学生掌握的知识逐渐增多，其主体地位也逐渐凸显。

在体育教学过程中，教学方法发挥着至关重要的作用。例如，在教学初期，为了激发学生的学习兴趣和主动性，教师需要采用合适且有效的方法，如讲解法、示范法等，帮助学生理解和掌握相应的知识和技能。学生则需按照教师的教学方法，找到适合自己的方式，感知、理解和掌握相应的知识和技能。

在随后的教学阶段中，教学方法也会根据教学需求进行相应的调整。因此，教学方法在不同教学阶段有着不同的作用，这体现了教学方法的时空适应性（或阶段有效性）。

6. 动静交替性

在体育教学过程中，学生需全身心地投入，调动多种身体器官参与教学活动，并完成一系列思维与动作结合的活动。然而，高强度的教学容易使学生的大脑和身体感到疲劳，随着体能和身体机能的逐渐下降，学习效率也会随之降低。因此，为了保障教学活动的顺利进行以及学生的学习效率的提高，教师在教学过程中应合理安排必要的休息活动。否则，过高的教学强度将超出学生的承受范围，可能对学生产生消极影响。

体育教学方法的实施应注重运动与学习的有机结合，充分考虑学生的负荷情况，安排适量的教学内容。同时，教师要重视给予学生充分的休息时间，以便他们恢复身体机能，从而确保产生良好的学习效果。

值得注意的是，休息并不等同于完全停止所有活动，而是可以通过轻松的活动来放松身心，缓解疲劳。教师在安排休息时，应结合具体的教学情况，兼顾积极性休息和消极性休息，使休息活动能够产生预期的效果。

7. 继承发展性

体育教学方法诞生于长期的体育教学实践过程中，并随着体育的发展而不断发展，经过内容的丰富、创新和改革，现在的体育教学方法已经形成了独特的科学体系，生命力十分旺盛，在体育教学过程中具有十分重要的地位。被广泛使用的教学方法都具备一定的使用价值，现代教育者可以整理和借鉴前人的方法和经验，在继承传统经典教学方法的基础上不断进行创新，完善体育教学方法体系。在应用体育教学方法时，要选择与实际情况相符的方法，不能盲目照搬或模仿所谓的先进教学方法，也不能盲目追求现代化，适合的才是最重要的。

二、高校常用的体育教学方法

（一）传统体育教学方法

1. 语言法

（1）讲解教学法

讲解教学法是指教师通过语言阐述来进行教学的方法，通常应用于体育理论教学之中。在讲解过程中，教师应充分考量学生的理解能力和认知水平，以确保讲解效果。以下是讲解教学法的使用要点。

①讲解内容要明确，需突出教学的重点、难点及特点。在体育教学中，教师讲解时应具有明确的目的性，避免漫无目的地讲解，导致学生无法抓住重点，难以理解教师意图，从而影响学习效率。

②讲解要注重内容的准确性，包括历史文化背景、动作术语、技能方法等，均需准确描述。

③讲解应生动、简明、有重点。教师应采用形象化的语言，加深学生认知，如通过肢体语言辅助讲解，帮助学生更好地理解技术动作。同时，应重点讲解概念和技能难点，把握关键技术的阐述，以便学生掌握动作要领。

④讲解要通俗易懂，深入浅出。教师应善于运用对比、类比、提问等启发性

教学方式，激发学生的积极思维，使学生能够举一反三、触类旁通，将所学知识应用于实际。

（2）口令与指示法

口令与指示法在体育教学中得到了广泛应用，这是一种体育教师通过发出如“立正”“跑”“转体”等各类口令和指示，来引导学生学习技术动作的教学方法。无论是田径、球类还是体操等运动项目，都可以灵活采用这一教学法。

在运用口令与指示法时，体育教师需注意以下两点要求。首先，教师要准确把握发出指示的时机和节奏，确保口令与动作协调一致，以保障教学活动的顺利进行。其次，教师的发音要清晰响亮，语气要恰到好处，既要能吸引学生的注意力，又不过于严厉，从而营造出轻松愉悦的学习氛围。

2. 直观教学法

在高校体育教学中，直观教学法也比较常用，各种技术动作的示范都与这一教学方法的利用相关。

常见的直观教学法主要包括以下两种。

（1）动作示范法

通过应用动作示范法，可以使学生了解技术动作的形象、结构和要领。体育教师在运用这一教学法时，需要注意以下几点。

一是明确示范的目的和任务。

二是示范的动作要准确无误，便于学生掌握正确的技术动作。

三是要注意示范的角度和示范的难度要适中。

（2）直观教具与模型演示法

在高校体育教学中，直观教具与模型演示法是必不可少的一种教学方法。对于教学中那些难度较大的动作，可以采用这一教学方法。这一教学方法一般用到的工具主要有图表、照片和模型等，常用于足球、篮球等课程教学中。

3. 完整教学法

完整教学法，即从动作的整体上出发进行教学和练习的一种教学方法。

体育教师在采用完整教学法时，需要注意以下几点。

第一，事先对整个动作要素进行分析，从整体上对技术动作的完整度和流畅性加以把握。

第二，对于技术难度较大的技术动作，应适当降低其难度。

第三，适当对外部环境条件进行改变，帮助学生顺利完成整个技术动作。

4. 分解教学法

分解教学法与完整教学法相对，是一种将完整动作拆分为若干个部分，以便学生逐步掌握整个动作技术的教学方法。

体育教师在运用分解教学法时，需着重注意以下几个要点。

第一，要深入细致地分析各类技术动作的特性。

第二，要确保在时间、空间等方面保持有序性和一致性。

第三，要密切关注各个环节之间的相互关联。

第四，要注重各个环节之间动作的顺畅衔接。

第五，要将分解教学法与完整教学法有机结合，以期获得理想的教学效果。

5. 程序教学法

程序教学法常用于各类运动项目的技术动作教学中，通常可以取得不错的教学效果。在具体的体育教学过程中，体育教师首先要求学生根据预先设计好的步骤来学习，教师及时对其进行评价，并对学习结果进行反馈，然后按照学生的学习结果决定下一步该怎么做。如果学生这一步的学习达到了标准，则可进入下一步的学习；否则就要重新学习这一步。这种教学方法如果得到恰当利用，便可以取得很好的教学效果。作为体育教师要努力提升自身的教学水平，提高运用体育教学方法的能力。

6. 游戏教学法

游戏教学法，即采用游戏的形式来达成既定的教学目标。因其兼具趣味性与娱乐性，故而深受广大学生的喜爱与欢迎。在当前高校体育教学的实践中，这一教学方法得到了极为广泛的应用。

在体育教学过程中运用游戏教学法时需注意以下几个要点：首先，要明确游戏规则及要求；其次，学生必须严格遵守游戏规则；最后，教师应秉持公正、客观的原则进行评判。

7. 竞赛教学法

竞赛教学法是通过组织学生进行比赛的一种教学方法。通过运用这一方法，可以有效提升学生的实战水平。

在应用竞赛教学法进行体育教学时，需要注意以下几点。

一是合理组织比赛，分队比赛时，要合理分组，双方实力要均衡。

二是学生在比赛中可以熟练运用自己所掌握的技术。

三是保证比赛安全，避免发生运动损伤。

（二）现代体育教学方法

1. 发现式教学法

在素质教育的大潮中，为切实提升高校体育教学的质量，一系列创新的体育教学方法应运而生。其中，发现式教学法凭借其独特的教学理念和显著的实践效果，受到了广泛的关注和推崇。

发现式教学法强调教师在教学中的主导作用，通过激发学生的好奇心和主动性，不断培养他们的创造性思维。该方法以学生为中心，将发展学生的创造性思维作为核心目标，以解决问题为主要任务，依托结构化的教材内容展开教学。

在体育教学中，发现式教学法展现出显著的优势和适用性。教师通过创设问题情境、提供探究机会、引导学生发现规律等方式，有效激发学生的学习兴趣和动力。学生在主动探索和解决问题的过程中，不仅逐渐掌握了体育知识和技能，还提升了创新能力和解决问题的能力。

2. 分层教学法

分层教学法是一种针对性强的教育方法，它根据学生的不同情况，实施分层次的教学。学生在成长过程中，受遗传、家庭及社会等多方面因素的影响，会在生理、心理、性格等方面展现出显著的差异性，因此不同学生的基础学习条件各不相同。

基于学生不同的基础学习条件，教师可以采取差异化的教学方法，评估学生的感知认知与学习领悟能力，从而更准确、科学地调整教学方法、教学手段及课堂教学内容。相较于传统教学方式，分层教学法更能促进学生全面提高。它对不同层次的学生进行有针对性的学习引导、测验和评估，更具区分度和目的性。

体育分层教学，即在体育教学中将学生分为不同层次，根据学生的性格、生理状况等，为不同学生设定不同的学习目标和评价标准。在此基础上进行体育教学，教学环境设计需符合分层教学的要求，对不同层次的学生实施不同的教育教学策略，确保每个学生在体育方面都能取得应有的进步。

教师应细致考虑不同层次学生的特点，根据这些差异性因材施教，提供不同的学习方法与指导，使各层次学生都能获得相应的提升。分层教学的常见组织形式包括班级教学、个别化教学、小组教学，并在此基础上进行逐步分层，如分层训练、分层要求、分层评价，循序渐进、分类指导，最终实现学习目标。

3. 探究教学法

探究教学法是指体育教师充分发挥自身的指导作用，积极引导学生自己发现问题、分析问题并解决问题，使学生在不断探索、研究的过程中有所收获的教学方法。这一教学方法与素质教育的要求相符，所以值得大力提倡和推广。

体育教师在运用探究教学法时，需要注意以下两方面：一方面，体育教师要想方设法地在课堂上给学生提供交流的机会。另一方面，体育教师指导下的探究工作要讲究实效，避免形式化、绝对化、片面化。

4. 自主学习法

自主学习法，指学生可以在充分考虑自身条件和实际需求的基础上，在教师的引导下，自主选择相应的教学内容，并通过独立操作来进行学习的方法。这一教学方法不仅与以学生为本的基本教学理念相符，而且也符合素质教育的要求。

在高校体育教学中应用自主学习法，需要满足以下两方面的要求：一方面，教师要对学生进行积极的指导，及时对其所犯的技术动作错误进行纠正。另一方面，教师要监督学生的自学，培养学生自觉参与体育运动锻炼的意识和习惯。

5. 群体激励教学法

群体激励教学法，是通过集体思维共同相互激励的形式，引发众多反应，产生多种解决问题的设想的一种教学方法。这种教学方法是按照学生的个性特点而开发的，可以有效激发学生学习的积极性。

群体激励教学法的具体实施流程如下。

一是体育教师提出要探讨的问题。

二是体育教师引导学生开动脑筋，通过实践去探究，寻找正确的答案。

这一教学方法可以有效提升学生的创新意识和创造力，对于提高学生的技术动作水平具有重要的意义。

6. 移植教学法

体育教学中使用的方法有些是专门针对体育学科设计的专项教学方法，有的是从其他教学领域或其他学科中借鉴而来，然后按照体育学科的特点和体育教学的需要而进行有针对性的处理后运用到体育教学实践中的方法，这就是移植教学法。

移植教学法具有一定的普适性，在高校体育教学中也得到了一定的利用。事实上，不仅体育教学可以从其他学科或教育领域中借鉴一些先进的方法，其他学科的教学也可以对一些体育教学方法进行借鉴。有些方法在体育教学中是适用的，只是要注意按照体育教学的特点及现实教学条件进行合理的加工或改造，而不能盲目借鉴，否则教学方法再科学、再先进，也很难发挥其本身的功能，无法实现高校体育教学的目标，甚至还可能产生阻碍作用，不利于高校体育教学活动的顺利进行。

7. 难度增减教学法

难度增减教学法是指通过增加或减少难度来进行教学的方法，在技术动作教学中经常会采用这一方法，一般可以取得良好的教学效果。运用这一教学方法时，体育教师需要注意保证技术动作的结构和性质不变，要按照技术动作的难度确定是增加难度还是降低难度。

一般来讲，高校体育教学活动的开展主要遵循先易后难、循序渐进的原则。运用难度增减教学法可以确保教学按照难度逐渐递增的顺序顺利开展，同时，学生也可以获得学习的自信心，从而提高学习兴趣和学习效率。

8. 逆向思维教学法

逆向思维教学法是指从逆向思维出发，将问题从反方向引出来的一种教学方法。在素质教育改革与发展的背景下，这种体育教学方法得到了普遍的应用。通过这一体育教学方法，学生的创造力和创新能力得到了较大程度的提升。

在传统的高校体育教学中，一般习惯于用正向思维去认识和思考问题，但惯性思维并不能很好地解决所有的问题，有时利用逆向思维解决问题反而会取得更好的效果。在素质教育背景下，这种体育教学方法与现代教育的要求十分契合。

9. 情境教学法

情境教学法是一种富有创意的教学方法，其核心在于通过学习前设置具体的语言或场景，将学生引入一个特定的情境中，使他们能够身临其境地体验并强化动作练习。在当前素质教育的大背景下，情境教学法与素质教育的核心理念高度契合，因此在高校体育教学中得到了广泛的应用。在运用情境教学法进行体育教学时，可以采用多种手段来丰富教学内容和提升教学效果。

第一，以实物演示情境。

第二，以录像、图片再现情境。

第三，以音乐、语言渲染情境。

第四，以展示、表演、示范体会情境等。

体育教师要想方设法地营造与具体实际相符的现实情境，在逼真的现实情境下，启发、引导与激励学生身临其境地去学习和掌握体育运动技能。这一教学方法不仅可以使学生学习的积极性得到提高，而且还可以促进教学质量的提高。

10. 即兴展现教学法

在素质教育不断深化改革与发展的当下，即兴展现教学法逐渐受到重视并在教学实践中得到应用。该教学方法注重了师生间的互动，鼓励学生充分展现自我能力，充分体现了学生的主体地位，并致力于学生全面素质的培养与提升。由此可见，即兴展现教学法与现代体育教学的理念高度契合，具有极大的推广价值。

在即兴展现教学法的实施过程中，创设良好的教学环境至关重要。体育教师应努力营造和谐的课堂氛围，这样的环境有助于激发学生的创新潜能，促进他们综合素质的全面发展与提高。

11. 掌握学习教学法

掌握学习教学法是指体育教师按照指导纲要分层次讲解教学内容，然后定期进行阶段性评价的方法。需要注意的是，体育教师要充分调查与了解所有学生的个性特征及个性化需求，在此前提下才可以更好地组织与开展体育教学活动。

运用掌握学习教学法时，还要注意以下几点要求。

一是体育教师要先阐述学习的目标与任务，让学生了解具体的教学情况。

二是体育教师要指导学生运用有针对性的教学手段去实现既定的学习目标。

三是不能忽略体育教学评价，要将形成性评价和终结性评价结合起来。

三、高校体育教学方法的发展与改革

（一）高校体育教学方法的发展趋势

经过多年的发展,现代高校体育教学已形成了具有自身特色的教学方法体系,其发展趋势主要体现在以下几方面。

1. 现代化发展趋势

在素质教育的推动下，高校体育教学正呈现出明显的现代化发展趋向，体育教学方法的发展亦不例外。教学设备的现代化是高校体育教学的重要表现之一。通过采用先进的技术手段，教师能够更轻松地开展教学活动，学生也能获得更好的学习体验。利用先进设备，教师可以更深入地了解学生的身体素质，从而更合理地设定运动训练负荷量。在教学管理方面，现代化技术为学生的学习和生活提供了更加便捷的服务。随着现代社会的不断进步，高校体育教学的各项技术持续发展，其教学方法也必然呈现出现代化的发展趋向。把握这一趋势，有助于体育教师选择并利用合适的体育教学方法。

2. 个性化与民主化发展趋势

在传统教育模式下，高校体育教学中的教师往往扮演着核心角色，主导着教学全过程。然而，这种模式容易忽视学生间的个体差异，限制学生的个性化发展。随着素质教育的持续深化，学校教育日益重视学生个性的培育与发展。在此背景下，体育教学方法正逐步向个性化方向迈进。这种个性化教学法不仅能满足学生的独特需求，促进他们的全面发展，而且对社会进步与发展也具有重要意义。同时，民主化也成为体育教学的一大重要发展趋势。它强调师生间的平等互动，突出学生的主体地位和参与感。这种民主化的教学理念与以人为本的教育思想高度一致，有助于构建更加和谐、积极的学习氛围，进一步提升体育教学质量。

3. 心理学化发展趋势

在高校体育教学中，学生不仅需要记忆相关知识，还需掌握动作技术。随着心理学研究的深入，学习过程的诸多方面已被人们所认知，并在教学实践中得到逐步重视。在高校体育教学方法的不断发展中，心理学的研究成果将得到更广泛的应用，这对提升体育教学效果具有重要意义。此外，高校体育教学还承担着培养和发展学生良好意志品质、促进学生心理健康的重任。通过运用心理学相关方法，可以更好地实现这一目标。因此，高校体育教学方法的心理学化是一个重要的发展趋势。

4. 实用化、系统化、科学化发展趋势

随着体育教学改革的不断深化，高校体育教学方法也在持续发展，并伴随着体育教师对教学方法实践与理论的深入探索而不断演进。高校体育教学方法不会故步自封于教条化、单一化和表面化的框架内，而是会通过深入实践研究和理论研究，不断丰富其内涵，拓展其外延，不断创新各类体育教学方法，推动体育教学方法向实用化、系统化、科学化的方向发展。

在体育教学方法的运用上，体育教师将更加注重实效性，为有效提高体育教学质量，有针对性地选用或创新实用化的体育教学方法。同时，针对不同体育教材内容、教学任务和教学对象，体育教师将采用更加系统化的体育教学方法来完成体育教学任务。单一的教学方法往往难以胜任复杂的体育教学工作，只有将多种教学方法有机结合，才能更好地完成教学任务。此外，体育教师还将更加注重教学方法的科学化。当面对某一体育教学内容时，可能会存在多种教学方法供体育教师选择，而选用先进、高效的教学方法才能获得最佳体育教学效果。因此，针对不同体育项目的教学内容，体育教师应注重教学方法的科学化，采用具有较强逻辑性的教学方法，以获得良好的体育教学效果。

由此可见，高校体育教学方法向实用化、系统化、科学化方向发展，有助于体育教师认清发展趋势，顺应现代体育教学改革的要求，全面、系统地掌握与运用各种体育教学方法，不断提高体育教学方法的理论水平和实践运用能力，进而持续提升高校体育教学的质量。

为此，高校体育教师应努力研究与揭示各种体育教学方法的功能、特征、价值等，全面掌握各种体育教学方法，并努力提高创新教学方法的能力，以推动体育教学方法朝着实用化、系统化、科学化的方向发展。

（二）高校体育教学方法的优化原则

高校体育教学方法的优化需要遵循以下几个基本原则，这样才可以取得理想的优化效果。

1. 简便性原则

简便性是高校体育教学方法优化的一个十分重要的原则。这一原则要求体育教师要简化体育教学方法的实施步骤与程序，舍弃一些不必要的操作，但不能破坏结构上的紧密性、协调性与连贯性，也不能干扰体育教学方法功能的发挥，更不能影响体育教学的效果。经过处理后的体育教学方法应更加精简、有效，这对于高校体育教学质量的提高具有十分重要的作用。

简便性是高校体育教学方法优化的一个重要原则，但不是唯一的原则。在高校体育教学中，要充分利用多种教学方法，避免片面性，否则就不利于体育教学方法作用的发挥，也会制约体育教学目标的实现。所以，在对体育教学方法进行优化的过程中，不能只重视教学方法的简便性，还要考虑其他方面的要求。

2. 系统性原则

优化高校体育教学方法，要严格贯彻系统性原则。高校体育教学方法存在与发展的客观规律可以从这一原则中加以反映，而且体育教学方法存在的主要形式与普遍性特点也可以由这一原则揭示。

在现代高校体育教学中，贯彻系统性原则需要注意以下几方面的要求。

（1）体育教学方法本身的存在形式具有系统性

①体育教学方法的构成要素相互关联、彼此交融，共同构成一个完整而和谐的体系。

②体育教学方法是一个层次分明、紧密相连的有机整体系统。在这个系统中，

各个子系统相互协作，共同发挥着不可或缺的作用。

③在体育教学方法这个宏大的系统中，每个要素都扮演着独特的角色，并与其他要素相互作用，共同致力于实现一个共同的目标——即整体或系统的目标。期望通过这样的协同作用，能够产生理想的整体效果。

④体育教学方法系统内部各要素相互联系、相互促进，共同促进整个系统的发展。

（2）体育教学方法与环境的互动是开放的

体育教学系统是开放的，所以体育教学方法也具有相应的开放性特点。体育教学方法的存在与发展和环境的开放式互动是分不开的。体育教学方法本身的开放程度越大，与环境之间的关系越紧密，越有利于其自身的生存与发展。

3. 动态性原则

在当今素质教育改革与发展的背景下，涌现出了大量的体育教学方法，逐渐形成了一个较为完善的体系。需要注意的是，在一定历史时期内，体育教学方法具有一定的稳定性，但在体育教学过程中具体运用这些教学方法时，很多因素又会影响方法的实施及最终效果。而且体育教学的方法与手段也随着体育教学思想、内容的变化而不断变化，其在一定程度上对体育教学思想、内容具有依附性，所以体育教学方法的优化还要遵循动态性原则，这样才可以跟上素质教育发展的趋势。

4. 综合复用原则

在当今的教育背景下，大量体育教学方法被应用于教学之中，大多数体育教学方法都有自己的功能，它们存在一定的互补关系，没有一种方法是万能的。正因如此，在对体育教学方法进行优化时，必须贯彻综合复用原则。也就是说，为了达到预期的体育教学目标，必须从系统角度出发对不同教学方法或同一教学方法中的若干因素进行优化组合，充分发挥体育教学方法的综合功能。综合复用原则对我们在高校体育教学中如何运用体育教学方法以及采取何种方式充分发挥所选教学方法的作用具有积极的指导意义，同时这一优化原则也反映了体育教学方法实践运用的辩证性。所以，贯彻综合复用原则是十分重要的。

每一种教学方法都是独特的，都有自己的优势和缺陷，在具体的教学过程中，可以相互利用、取长补短，以提高高校体育教学的效果。在素质教育发展的今天，要深入贯彻综合复用原则，优化并组合各种教学方法，从而更好地促进高校体育教学质量的提高。

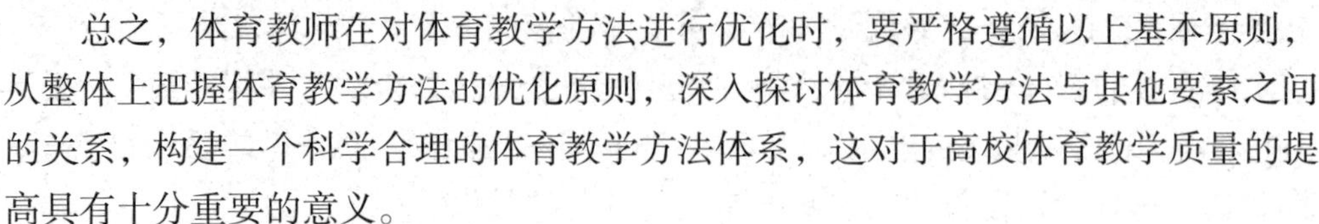

总之，体育教师在对体育教学方法进行优化时，要严格遵循以上基本原则，从整体上把握体育教学方法的优化原则，深入探讨体育教学方法与其他要素之间的关系，构建一个科学合理的体育教学方法体系，这对于高校体育教学质量的提高具有十分重要的意义。

（三）高校体育教学方法的改革策略

1. 提高教师的综合素质

在推进高校体育教学方法改革的实践中，各高校应紧跟体育教学改革的时代步伐，结合本校体育课程的实际情况，不断提升教师的专业水平和综合素质，为开展高质量的体育课程奠定坚实基础，并为体育教学方法改革的高效推进提供有力保障。

（1）引导教师形成良好的职业精神

在当前高校体育教学改革中，教师的良好职业精神主要体现在爱岗敬业和乐于奉献上。为此，各高校应不断加强师风师德建设，引导教师树立敢于创新和积极探索的教学理念，以真挚的情感投入日常教学工作，充分利用学校现有的体育场地和器材，激发学生的体育兴趣，挖掘学生的内在潜能，提升学生的探究和创新能力，促进学生的全面发展。

（2）引导教师形成完整的知识结构

体育课程与其他课程的教学存在显著差异，教师的知识结构直接影响学生的学习效果。因此，教师不仅应具备扎实的体育知识和高超的体育技能，还应广泛涉猎心理健康、人文知识和社会科学等领域的知识，以有效应对教学过程中的各种问题。

（3）引导教师合理运用现代化教学设备

现代化教学设备在知识获取与信息传播中发挥着关键作用，对推动高校体育教学的创新与发展具有深远意义。各高校应当为教师搭建完善的培训体系，帮助教师深刻理解现代化教育技术的价值所在，熟练掌握现代化教学设备的操作技能，从而充分发挥这些技术和设备的实际教学效用。

2. 重视教学方法的创新

在高校体育教学中，学生是重要的主体，是整个教学活动的中心，一切教学活动都要围绕学生进行。在体育教学方法的设计方面也是如此。高校体育教学方法的改革要依据体育学科的特点及学生的特征、需求进行。

体育教师在上体育课之前，首先要明确要教的内容和通过教授这些内容要达到的目的，然后按照内容的特点、学生的特点以及要达到的目标来对教学过程进行安排，并对每个教学环节进行合理设计，在各环节实施相对应的恰当的教学方法，确保各个环节的教学工作都可以有序开展，且都可以取得好的效果。在整个教学过程中，体育教师会创设一些教学情境，不同的教学方法适用于不同的情境，体育教师要明确哪些是主要教学方法，哪些是辅助性的教学方法，并将二者充分结合，从而取得理想的教学效果。

在信息化背景下，在进行体育教学方法的选择与设计时还要对各种科技因素进行充分考虑，落实现代化教学方法。只有不断创新，不断为教学方法增添新鲜的因素，才可以提升学生的学习积极性，培养学生的创新能力，这是现代化体育教学改革的要求，也与当今素质教育改革与发展的要求相符。

3. 扩展与改进体育教学方法

在素质教育背景下，怎样充分发挥体育教学方法的功能，从而提高高校体育教学的质量是一个非常重要的课题。高校体育教学方法的实施效果受到很多主客观因素的影响，在客观影响因素中，实际教学条件是一个不可忽视的因素，场地器材的数量、规格以及其他教学资源等教学条件都会在很大程度上影响体育教学方法的实施效果。

我国地域辽阔，各地区之间的经济差异较大，不同地区的学校之间也存在着较大的差异。例如，经济条件差的地区教学条件就比较落后，表现为缺乏体育场地器材等；经济条件好的地区教学条件优越，可以为高校体育教学的顺利开展提供良好的保障。为了能够在各个地区的教学中充分运用体育教学方法，取得较好的实施效果，各地都应集中资源对教学条件进行优化，这是完善体育教学方法和提高体育教学方法实施效果的重要路径。经过优化后的教学条件和经过改革后的教学方法更能满足体育教学的需要，从而促进高校体育教学质量的提升。

此外，体育教师还需要不断对教学方法进行改进，在原来的旧方法基础上增加新的因素，创造新的教学方法，进一步对体育教学方法体系进行完善，这对于素质教育背景下我国高校体育教学的发展是十分有利的。

4. 重视新的教学技术的应用

随着时代的迅猛发展，许多高科技手段在社会各个领域发挥着重要的作用。高校体育教学也应充分利用各种新的教学技术，进一步提升教学质量。

特别是在当前素质教育的背景下，要继续发挥科技的优势，利用科技手段来提高与完善教育技术，使体育教学彰显时代性、先进性、创新性。在众多的教学技术中，多媒体技术具有良好的发展前景，应被更多地引入体育课堂。体育教师应运用学生喜闻乐见的多媒体资源，激发学生对体育的兴趣，提高学生主动参与体育锻炼的意识，这对于学生终身体育意识的形成具有十分重要的作用。

第五章　高校体育教学内容与评价的改革

随着素质教育的深入推进，高校体育教学在高等教育中的地位和作用日益凸显。然而，传统的高校体育教学内容与评价方式单一，缺乏科学性和全面性，无法有效地评价学生的综合素质和体育能力。因此，对高校体育教学内容与评价进行改革成了高等教育改革的必然要求。本章围绕高校体育教学内容的改革和高校体育教学评价的改革等内容展开研究。

第一节　高校体育教学内容的改革

一、体育教学内容的基本理论

体育教学是在特定环境下，根据学生发展需求和实际教学条件，设定教学目标，并教授学生体育知识原理、运动技能及参赛方法的过程。其核心在于研究大肌肉群的活动状态，主要通过身体练习、运动技能学习和教学比赛等形式实现。

（一）体育教学内容的特点

1. 实践性

体育教学内容最显著的特点是实践性。体育教学以身体练习为主，与体育活动紧密相连。学生要想掌握体育教学内容，必须亲身参与大肌肉群的运动。单纯依靠说、看、听、想的方式，无法真正学好体育，也达不到教学目的。此外，体育知识学习和道德教育也需要通过实践来体验和接受，这一特点与其他学科形成鲜明的对比。

2. 健身性

体育教学内容侧重大肌肉群的运动技能学习与练习，这些学习内容必然会给身体带来适度的运动负荷。通过科学合理地安排运动量，体育教学能够有效促进学生的体质增强和体魄强健。然而，由于教学时间的限制、运动量的调控以及教学目标的优先级考量等多重因素，强健体魄在某种程度上成为体育教学的一个附带效益或副产品。

为了充分发挥体育教学的健身性，体育教研部门在教学实践中采取了一系列措施。他们根据不同学生的身心特点，精心安排体育教学内容，对健身效果进行科学的设计和精细的控制。在体育教学过程中，注重搭配针对不同身体部位的训练活动，合理安排运动负荷，确保既达到锻炼目的又不至于锻炼过度。同时，体育教研部门还认真评估每一项教学内容的健身成效，确保体育教学的健身性得到充分体现。

3. 娱乐性

体育教学内容以身体活动为核心，而这些身体活动大多属于人们的休闲运动范畴，本身就蕴含着娱乐与休闲的元素。当开展新的运动项目时，学生在学习和比赛的过程中能够体会到新鲜感，并在掌握项目技能后获得成就感。在体育教学的互动中，学生既竞争又协作，他们对运动环境、场地、比赛规则、比赛形式等进行着创造性的理解和运用，激发出了对运动乐趣的追求。这种娱乐性不仅增添了体育教学的趣味，也深刻影响着教学效果，成为体育教学内容与其他文化课内容的一大显著区别。

4. 系统性

体育作为一门学科，其内容繁杂且范围广泛，对教学目标的要求也相当高。因此，在梳理教学内容时，我们需要注重知识之间的系统性，进行有序的组织和安排。

尽管体育教学内容复杂多样，但各个知识内容之间却存在着紧密的联系和逻辑性。以低年级大学生的体育教学为例，我们首先会着重培养他们的基本运动能力，如方向意识，通过“向左转、向右转、立定、向后转”等简单的指令来逐步强化这一能力。在此基础上，我们再进一步展开体能训练、技巧训练和团队合作训练等，通过分层次的教学逐步提升学生的综合体育能力。由此可见，体育教学内容本身就蕴含着系统性的特点，需要我们在教学过程中充分把握和运用。

5. 社会性

大部分体育运动属于社会性活动，需要学生集体参与，共同合作完成。在集体运动中学习和竞赛，通过位置的变化进行运动。体育教学内容比其他学科的教学内容更具有社会性，需要以人际交流作为基础，锻炼学生的社交能力，培养其社会属性。

6. 教育性

体育教学内容作为教育内容不可或缺的组成部分，是教育思想得以深入实践的重要媒介，对青少年的全面发展起着至关重要的作用，因此，它蕴含着深厚的教育性。这种教育性主要体现在：体育运动不仅能促进学生的身心健康，塑造良好的个性心理品质和积极乐观的生活态度，还能显著提升他们的社会适应能力，将他们培养成为具备高度科学文化素养、强烈爱国主义精神、优良传统品德和不断进取精神的社会主义建设者。

7. 空间性

体育教学内容具有鲜明的空间性特征，这主要源于体育运动项目对特定场地的需求。诸如田径、沙滩排球等项目，其名称往往就与场地紧密相连。许多体育教学内容必须在特定的场地内进行，离开了这些场地，体育教学就难以正常进行。因此，体育教学内容受到空间条件的制约，对场地、器材、设备有着较高的依赖性，这些物质条件构成了教授体育教学内容的重要基础。

8. 集体性

体育教学与其他学科教学相比，最大的区别在于其具有很强的集体性，注重培养学生的人际交流能力、团队合作能力等社会性能力。体育教学中的许多运动项目需要小组或集体共同完成，且需要全体成员充分发挥作用。

（二）体育教学内容的分类

体育教学内容的分类，一直是体育教育者津津乐道却又颇感头疼的问题。因为体育活动源自多种多样、目的各异的活动，它兼具健身、娱乐、技能提升、思想品德教育等多重功能，对人的身心产生着全方位的影响。在教育领域，体育活动能为多种教育目标服务。同时，根据活动形式的不同，也能划分出多种类型。更何况，不同的运动项目还各自拥有独特的乐趣和魅力。因此，体育教学内容可以根据其功能、目标、作用、形式等多种维度来进行分类。

在实际操作中，体育教学内容的分类方法虽然五花八门，但主要还是围绕按运动项目分类、按内在功能分类以及综合分类这三种方法展开。其中，前两种分类方法各具特色，对体育教学内容的编制及“教材化”过程影响深远。下面，我们就来详细探讨一下这两种分类方法。

1. 按运动项目分类

这是一种最为直观、最为常见的分类方式。它直接按照运动项目的名称和内容来进行分类，如篮球、足球、田径、体操、武术、游泳等。这种分类方法的优点在于，它与社会上广泛开展的体育运动项目保持高度一致，名称和内容都易于理解，让人一目了然。

2. 按内在功能分类

体育运动不仅是一种身体活动，它还蕴含着健身、掌握运动技能、娱乐身心以及培养道德品质等多重功能。因此，我们也可以根据体育运动的这些基本功能来对其进行分类。目前，比较常见且相对成熟的分类方法有三种：以健身功能为依据的分类、以身体基本活动能力为依据的分类、以运动乐趣为依据的分类。

（三）体育教学内容的层次结构

体育教学内容的层次结构可以从宏观和微观两个层面来深入探讨。从宏观层面看，体育教学内容涵盖了上位、中位和下位三个层次：国家课程和教学内容构成上位层次，地方课程和教学内容处于中位层次，而学校课程和教学内容则属于下位层次。从微观层面剖析，体育教学内容则细分为四个层次：学习内容领域、具体能力目标、教学物质设施、具体练习内容。接下来，我们将从宏观和微观两个层面，详细阐述体育教学内容的层次结构。

1. 宏观层面

近年来，我国相关部门在会议中明确指出，要对课程体系、结构和内容进行全面调整和改革，并在基础教育课程体系的构建上采用更新颖的模式，即试行国家课程、地方课程与学校课程并行的体系。这一指示标志着我国体育课程模式正由单一走向多元。基于这一基本思想，我们从宏观层面将体育教学内容的层次结构分为以下三部分。

（1）上位层次

体育教学内容的上位层次，即国家课程和教学内容，是由国家教育部门统一规划制定的。这些内容充分体现了国家的意志，旨在确保学生在接受基础教育后，能够达到国家要求的体育素质标准，成为体育方面合格的公民。国家在体育课程和教学内容的开发上，会依据不同教育阶段的性质和培养目标，来制定体育课程标准，并据此编写出符合实际的教学内容。

（2）中位层次

在体育教学内容体系中，地方课程和教学内容占据中位层次。这些课程和内容是在国家规定的各教育阶段体育课程框架内，由省一级教育行政部门或其授权的教育部门，根据当地的政治、经济、文化及民族发展等实际需求而开发设计的。它们能够充分挖掘和利用地方体育教育资源，彰显体育教育的地域特色，同时增强体育课程和教学内容的地方适应性和针对性，具有十分重要的意义。

（3）下位层次

学校课程和教学内容在体育教学内容的层次结构中属于下位层次。这一层次的实施主体是学校教师，他们在贯彻执行国家课程和地方课程的基础上，紧密结合本校学生的特点和需求，充分利用当地社区和学校的体育教育资源，依据学校的办学理念和特色，开发出多样化、可供学生选择的体育课程和教学内容。学校课程和教学内容的开发主要依据国家教育部门的指导和地方政策的要求，其突出特点是以学校为主体和基地，充分尊重和满足学校师生的个性和差异性，特别是补充国家课程和地方课程难以覆盖的学生发展需求。

2. 微观层面

课程的实现依托教学内容这一载体，而教学内容本身蕴含着多层意义。当我们从微观层面去审视时，依据教学内容的具体化程度，体育教学内容的层次结构可以细分为以下四方面。

（1）第一层次：学习内容领域

微观层面的第一层次，实际上就是体育课程标准中明确指出的学习内容。以《义务教育体育与健康课程标准（2022 年版）》为例，它规定了运动参与、运动技能、身体健康、心理健康、社会适应这五个学习领域。这一层次的分析，更像是对活动领域的一种概括，而非我们常规理解的具体体育教学内容。

（2）第二层次：具体能力目标

第二层次，可以说是第一层次在形式上的进一步具体化。从某种角度来看，它属于能力目标的分析范畴，同样不是我们理解的常规意义上的体育教学内容。比如，《义务教育体育与健康课程标准（2022 年版）》中明示的水平目标——获得运动的基础知识，能够说出所做简单运动动作的术语（如转体、侧平举、体前屈、踢腿等），就是这一层次的具体体现。

（3）第三层次：教学物质设施

第三层次涉及的是教学中具体需要运用到的硬件与软件等设施，也就是我们常说的教具，如篮球、足球、体操、武术等运动项目，以及开展这些项目所需的场地、器材，都属于这一层次的内容。这是我们所理解的常规意义上体育教学内容的一部分。

（4）第四层次：具体练习内容

第四层次则是指具体练习内容，即某项教学内容下的具体练习内容。比如，一项运动的具体练习内容、游戏教学的具体练习内容、认知教学的具体练习内容等，都是将整体教学内容拆分开来的具体部分。这一层次的内容更加细致、具体，直接指向了教学实践中的操作层面。

二、高校体育教学内容的发展趋势与改革

深入研究高校体育教学内容的发展趋势，对于推动高校体育教学内容的革新与进步具有重大意义。

（一）高校体育教学内容的发展趋势

1. 向不同学段逐级分化和从规定性向选择性方向转化

以往的体育教学大纲在确定教学内容时，试图在综合性的体育学科中找寻运动项目间的逻辑联系，但体育教学内容本身缺乏这种逻辑性，这就给教材编排带来了挑战。因此，高校体育教学内容的选择应遵循体育学科的内在规律，选取学生喜爱且具有健身性、娱乐性和时代感的体育素材融入课程中，实现教学内容向不同学段的逐级分化，并从规定性向选择性方向转化。

2. 从教师价值主体向学生价值主体转化

高校体育教学内容的选择与确定受多重因素影响。过去的教学大纲更侧重教师的价值取向，重视教师的“教”。随着体育教学改革的深入，人们越来越关注学生的价值取向，因此，根据学生需求选择教学内容的方式日益普遍。

3. 从只注重提高身体素质向身心全面发展的方向转化

高校体育教学内容的选择受到多重因素的制约，这使得学校的体育课程往往仅仅聚焦于提高学生的跑、跳、投等基本运动技能，成为一种以体能达标为主要目标的课程。然而，随着新的指导纲要的出台，教育领域更加强调核心素养的重要性。在此背景下，学校对于学生素养的全面提高承担了更大的责任。因此，在高校体育教学内容的选择与确定上，也必须紧跟这一教育理念的转变，确保所选内容能够符合新时代核心素养导向的课程建设要求，不仅关注学生的身体素质提升，更注重其心理、情感、社交等方面的全面发展，从而使学生均衡而全面地成长。

4. 应考虑终身体育目标的要求

当今，终身体育理念的普及与实施已成为学校体育发展的一个普遍趋势。要

实现终身体育的目标，关键在于学生是否具备参与体育活动所需的知识、技能和积极态度。因此，在选择教学内容时，应更加侧重其健身性、运动文化的传递性以及娱乐性，优先挑选那些既具有健身价值又适合长期坚持的运动项目，以满足终身体育目标的要求。

5. 及时吸收新型体育项目和民族传统体育项目

随着社会的不断进步，人们在体育方面的选择日益多样化。学生对新鲜、有趣的体育项目表现出更高的喜爱度。因此，体育教学内容也需要不断更新，注重引入新型体育项目。同时，我国作为一个多民族国家，各民族都拥有独具特色且健身价值显著的体育项目。在高校体育教学内容的选定过程中，应充分考虑这些民族传统体育项目的独特性和健身效果，根据实际情况适当加以选用，以满足学生的多元化需求。

6. 开发生态体育资源

（1）生态体育的概念

生态体育指的是从对自然和生态环境的爱护和保护的角度出发，正确地处理好人类、体育、环境三者之间的关系，以使人们能够在良好的自然环境和社会环境下进行体育活动，促进身体的全面发展，同时将这种生态文化保持并发展下去，从而使体育运动得到可持续发展。

（2）生态体育资源的开发途径

①组织建立高校生态体育资源开发机构。组织建立起来的高校生态体育资源开发机构要积极吸引社会各界广泛参与，并建立起具有调控、咨询与决策等功能的组织和管理机构，对资源开发要执行相应的科学、合理的计划，同时还要及时调整和评价生态体育资源的利用与开发计划，从而制订符合教育发展要求的有效且合理的生态体育资源开发方案。要正确处理人类、体育、环境三者之间的相互关系，以此来保证开发和利用生态体育资源的科学性和合理性。

②高效整合与利用高校现有的生态体育资源。就目前我国各高校的实际状况而言，体育运动设施呈现出两极分化的现象：一部分是高科技的现代化运动设备，另一部分则是保留原始风貌的老旧场地。

鉴于此，我们应该合理整合并充分利用高校的生态体育资源。例如，可以在校园的边缘绿化区域内修建健身路径，添置一些简易的健身器材，如单双杠、云梯等。目前，这无疑是开发高校生态体育资源的有效途径。

③积极探索并利用高校周边的生态体育资源。在传统的高校体育教学中，教

学活动往往局限于校园之内，体育馆或操场成为固定的教学场所。然而，生态体育的一大特色就是将体育教学的场地从校园内拓展至自然环境之中。

值得庆幸的是，高校周边蕴含着丰富的生态体育资源，如社区的健身广场、邻近的公园、滨海院校周边的海滩、环绕学校的森林和小山等，这些都是开展生态体育活动的理想场所。因此，我们应该积极探寻并合理利用这些周边的生态体育资源，为高校体育教学注入新的活力。

（二）高校体育教学内容改革的新体系

体育与社会相融合，与学生的日常生活紧密相连，这是现代体育发展不可逆转的趋势。因此，高校体育教学内容应不断拓展，形成独具特色的新体系。这个新体系主要涵盖健身性内容、保健性内容、娱乐性内容、竞技性内容和生活性内容五大方面。

1. 健身性内容

健身性内容以健身为目标，旨在提升学生的基本活动能力，如走、跑、跳、投、悬垂、支撑、攀登、爬越等，并发展他们的运动素质，特别是与健康息息相关的身体成分、肌肉力量、有氧耐力及柔韧性。

2. 保健性内容

在高校体育教学中讲授保健性内容能确保学生在学习体育知识的同时，安全与健康得到保障。高校体育教师应着重讲授运动处方的理论与实践，将保健教育与体育教学有效结合，为学生提供更全面、更科学的教育体验，促进他们的身心健康和全面发展。

3. 娱乐性内容

高校体育教学中的娱乐性内容具有极高的灵活性，可以与社会各种活动相结合。娱乐体育活动是多姿多彩的，将其融入体育教学内容无疑是一种有益的选择，能够丰富学生的体育体验。

4. 竞技性内容

竞技性内容以专项运动项目为核心。随着竞技体育事业的蓬勃发展，学生对竞技体育的热情也日益高涨。然而，在体育教学中，我们不能简单套用专业运动员的标准和要求。相反，应根据学生的实际情况和需求，对教学内容和方法进行适当调整，以确保其更好地适应学生的特点和需要。

5. 生活性内容

生活性内容涵盖防卫训练、拓展练习、冒险教育及健康生活教育。在城市化日益加深的今天，学生有时会感到生活单调乏味，而渴望亲近大自然。这种追求在高校体育教学内容中得到了新的体现，为学生提供了更多亲近自然、体验生活的选择。

第二节　高校体育教学评价的改革

一、体育教学评价的相关知识

（一）体育教学评价的概念

“评价”在《辞海》中被解释为衡量人或事物的价值，即某事物满足另一种事物某种需要的属性。而“教学评价”这一概念，虽然有多种理解，但有一个相对全面且被众多学者广泛接受的定义：它指的是在教学过程中，依据教学目标，有计划、有目的地观察、测定教师和学生的学习变化。这些变化会与教学目标、教学计划、教学效果、学生的学习质量及个性发展水平进行对照，然后运用科学的方法做出价值判断。基于这些判断，我们可以调整、优化教学进程，以促进学生更好地达成教学目标。简而言之，教育评价，包括体育教学评价，就是依据一定标准，系统且全面地收集、整理和运用教育信息，对教育活动的过程和结果进行价值判断，并据此做出相应改善和调整，以推动教育活动的不断进步。体育教学评价作为教育评价的重要组成部分，是教育领域中一般评价活动的一种具体表现。

（二）体育教学评价的原则

高校在进行体育教学评价时，只有在坚持一定原则的基础上进行科学的评价，才可以真正实现体育教学的目标。

1. 全面系统性原则

全面系统性原则在体育教学评价中至关重要。这一原则要求我们在评价时，不仅要关注教师的教学方面，还要全面考察学生的学习表现，确保对师生的双边教学进行全方位的评价。具体来说，我们需要从多个角度、全方位地审视师生的教学活动。

为了使评价更加全面、科学，我们应该将定性评价和定量评价相结合，相互印证。同时，在评价过程中，要分清评价指标的主次，明确哪些指标更为重要，抓住主要评价指标的核心矛盾。

例如，在评价体育教师的教学时，我们应全面考虑其课外工作、课堂教学以及课后教研等与教学活动密切相关的方面。而在评价学生时，则需重点关注他们的学习态度、学习动机、学习表现、运动行为、运动情绪以及意志力等，同时将运动参与的积极性和运动技能的发展作为关键的评价指标。

2. 客观科学性原则

客观科学性原则在体育教学评价中意味着，从评价标准的设定到评价方法的选择、评价手段的运用、评价形式的确定、评价态度的保持、评价工具的选用以及最终评价结果的得出，都必须严格符合客观实际的要求。我们需要确立合理且统一的评价标准，确保教学指标体系在师生两方面都体现出科学性与客观性。

在编制评价指标时，应认真研究、精心编制，并经过预试和修订，以确保其准确性和有效性。评价过程中，不仅要采用定性评价，还要与定量评价相结合，避免主观臆断或个人情感的介入。

体育教学评价的目的是为学生的学习和教师的教学提供客观的价值判断。如果缺乏客观性与科学性，那么评价的意义和价值就会大打折扣，甚至可能导致体育教学决策出现失误。

3. 公正公开性原则

公正公开性原则要求我们在进行评价之前，必须明确各项评价指标、内容和方法，并确保评价者与被评价者都对评价体系有充分的了解。这样，师生就能有针对性地遵循教学评价标准，做好评价前的各项准备工作。

评价完成后，各项成绩应该公开透明，设置一段公示期。在公示期内，欢迎群众来访和举报，以有效防止评价过程中出现任何不正当行为。公开是公正的基础，只有做到公开，才能确保评价的公正性。同时，公正还涉及评价指标的客观性与科学性以及评价者的态度和秉持的理念等方面。

4. 指导督促性原则

指导督促性原则强调，在进行体育教学评价时，要将评价工作与对教学的实际指导和督促紧密结合起来。教学评价并非终极目的，而是一个持续的过程，其最终旨在指导并优化具体的教学实践。

我们应充分利用体育教学评价的结果，深入思考其内涵，并采用多种方法，对同行教师的体育课教学水平、同年级及同班级学生的学习水平与能力进行横向对比。同时，对师生在体育教学方面的成绩与结果进行纵向分析。通过从不同角度剖析原因，及时提供具体、富有启发性的信息反馈，帮助被评价者明确未来的努力方向。

（三）体育教学评价的方法

1. 绝对评价法

绝对评价法是一种通过设定客观标准来评判对象达到程度的方法。在评价时，我们将评价对象与这一客观标准进行对比，以确定其表现水平。这种方法在运动竞赛中，尤其是以定量成绩为主导的竞赛中，得到了广泛应用。“优胜劣汰”是竞技运动的铁律，绝对评价法正是这一法则的坚实支撑。

在进行绝对评价时，我们关注的是同一层次与级别的比赛，而不考虑同一水平内部不同人群的特点。比如，在少年组比赛中，我们关注的是整个年龄组的整体表现，而不是组内个体的差异。

在教学评价环节，对于那些需要定量评价的内容，我们也可以采用绝对评价法。这包括百米跑的速度、投掷的远度、跳高的高度、长跑的时间记录，以及教师的运动成绩是否达到既定标准等。这种评价方式能够帮助教师和学生根据评价结果，迅速识别出存在的差距，从而及时调整教学策略和自我训练计划，进而提升教学质量和学习效果。

2. 相对评价法

相对评价法作为一种高效的评估方法，其核心在于从评价对象群体中选取一个或多个作为基准，随后将其余对象与这些基准进行对照，以此来确定各自的名次及优劣程度。此方法为学生树立了一个相对明确的参照标准，使他们能够直观地认识到自己在集体中所处的位置，从而有效激发他们的参与热情和竞争意识。在教学实施的各个环节，特别是过程性评价、形成性评价以及阶段性评价中，相对评价法展现出了极高的适用性。

在课堂教学的具体实践中，教师可以灵活地运用相对评价法，采取诸如让位评价、设定不同条件进行评价、适当降低要求进行评价等多种方式，以更好地适应不同学生的个体差异和实际需求。这些多样化的评价方法不仅有助于点燃学生的学习热情，还能有效增强他们的自信心，使得那些相对落后的学生也能积极投身于学习活动之中，亲身体验并享受运动带来的快乐，从而有效避免将体育学习上存在困难的学生边缘化。

3. 个体内差异评价法

个体内差异评价法是一种以评价对象自身状况为参照的评价方式，通过对其进行价值评判来反映其特点。在运用该评价方法时，评价对象主要着眼于自己在不同时间点上的成绩对比以及自身在不同方面的表现差异。学生在诸多领域尤其是运动领域所展现出的能力差异颇为显著，多数学生表现普通，天赋出众者寥寥无几。为了让运动水平一般的学生也能体会到运动的乐趣，个体内差异评价法应运而生，成为一种有效的补充评价手段。此评价方法能够充分尊重学生的个性化差异，减轻评价给他们带来的心理负担。同样，在教师教学评价方面，个体内差异评价法也发挥着举足轻重的作用。它有助于调动教师的积极性，促使教师更加关注每个学生的个性化发展，从而提供更为贴合学生需求的教学方法和教学内容。

（四）体育教学评价的手段

观察、问卷和测验等是几种比较常用的体育教学评价手段，这几种评价手段的适用范围有所不同，需要按照具体的实际情况进行合理的选择。

1. 观察评价手段

观察是指通过有目的、细致地观察评价对象，获得大量的评价资料。这一评价手段可以为评价者提供真实、客观的依据。例如，体育教师在平时的体育教学中，要想更好地了解学生的学习态度、学习情况，就需要深入学生之中进行实地观察，充分了解每一位学生的学习特点与学习水平，这样才可以为体育教学评价提供真实客观的事实依据。通过利用观察评价手段，评价者可以获得丰富的评价对象心理活动状态资料，从而为评价活动提供客观真实的依据。可见，这一评价手段十分重要，需要体育教师掌握和利用好。

2. 问卷评价手段

问卷评价手段是一种广泛应用于体育教学评价的有效手段。通过精心设计的问卷，评价者可以系统地收集学生对体育学习的态度、兴趣、动机、体育行为习惯及心理活动状态等方面的信息。相比观察评价手段，问卷评价手段能够覆盖更大范围的评价对象，并且能在短时间内获取大量定量或定性数据，为体育教学评价提供科学的依据。

（1）体育学习态度调查

问卷可以用于评估学生对体育课的兴趣、参与意愿、对体育活动的情感体验。例如，通过评价量表或开放式问题，了解学生是否积极参与课堂活动，是否愿意在课外进行体育锻炼，等等。

（2）体育行为与习惯调查

问卷还可以用于收集学生的体育行为数据，如运动频率、运动类型、日常体育活动时长等。这些信息有助于体育教师分析学生的运动习惯，并有针对性地调整教学内容。

（3）心理状态与社会性调查

体育活动不仅影响身体素质，也会影响心理状态和社会交往能力。问卷可以用于评估学生在体育活动中的情绪反应、自信心、团队合作意识等。例如，分析学生是否因体育活动而增强了自信，是否能够通过团队运动提升合作精神，等等。

总之，问卷评价手段能够帮助体育教师更全面地了解学生在体育学习中的表现，并结合观察评价与测验评价手段，使体育教学评价更加科学、全面、客观。

3. 测验评价手段

测验评价手段是教学评价中不可或缺的一种重要手段。它主要通过考试、技能水平评价以及达标程度等多种方式，全面系统地搜集学生体育学习态度和学习行为的综合成果。同时，测验评价手段作为一种有组织、有计划且具有针对性的评价途径，能够有效地获取大量的评价信息和资料。

（1）体育理论知识的测验

体育教学内容体系十分丰富，学生不仅要学习体育运动技能，而且还要学习体育常识、体育文化知识、竞赛规则、运动卫生等各方面的知识。在对学生进行测验时，要对学生灵活运用知识的能力进行全面评定。

（2）身体素质的测验

身体素质包括速度素质、力量素质、耐力素质、灵敏素质以及柔韧素质等多方面的素质。这几项素质的发展十分重要。在具体的体育教学过程中，身体素质的测验是不可或缺的一个环节，做好身体素质的测验非常重要。

（3）运动技能的测验

运动技能测验也是体育教学评价的重要内容。在体育教学中，技术动作的练习必不可少，不管是一般技术动作的练习，还是专项技术动作的练习，学生都要熟练掌握，并通过反复不断的练习来提高自身的运动水平。运动技能测验就是指按照技术动作的基本规格，准确客观地对学生的技术动作状况进行测评。一般来讲，这一测验手段主要包括依据客观测量数据的客观测验和依据技术动作质量的技术评定两种形式。在具体的体育教学评价中，可以结合起来使用，往往可以获得不错的评价效果。

（4）体育情感行为测验

人类拥有着丰富多样的情感，面对不同的情境，我们会展现出各异的情感行为反应。一般而言，人的情感行为涵盖兴趣、态度、动机、个性以及群体行为等多个层面。体育教学活动在一定程度上会受到参与者情感行为的影响，同时，体育教学也对人的情感行为产生着反作用。因此，对学生的体育情感行为进行测验显得尤为重要。

上述提及的几种教学评价手段均较为常见，教师可根据自身的能力和学校的实际情况，合理地选择并运用这些教学评价手段。

（五）体育教学评价的功能

1. 导向与激励功能

体育教学评价是基于教学目标与内容进行的，这些目标与内容是新课程标准下教师教与学生学双边活动实现预期成果的基准。体育学科在新课程标准中明确了四个核心目标：运动参与、体能提升、运动技能掌握以及心理健康与社会适应。体育教学的具体目标需紧密围绕这些课程目标来设定，因此，这些具体化目标的达成情况便成为体育教学评价的主要依据。

当教学目标顺利达成时，体育教学便能获得高度评价，这种评价本身也具备了激励功能，鼓舞师生继续努力。若目标未能达成，则需深入探究影响教学效果的各种因素，分析原因并寻找对策。由此可见，教学评价对于引导各级各类学校树立正确的教学指导思想和办学方向具有重要意义。

对于学生而言，评价同样能发挥激发学习动机的作用。研究表明，通过为学生设定明确目标并进行成绩测验，可以有效激发他们的学习兴趣和积极性，从而更有力地推动课堂学习进程。

2. 鉴别和诊断功能

体育教学评价对于全面了解教师的教学效果和水平至关重要，它能帮助我们发现教师的优点和缺点以及教学中存在的矛盾和问题，就像是对教师的一次全面考察、诊断和鉴别。如今，国家正大力推进教育强国建设，旨在鼓励体育教师全力以赴，抓好体育教学的每一个环节，不仅在提升自身水平和能力上下功夫，更要切实提高体育教学的效果。

在此过程中，若缺乏明确的评价标准，则教学质量的优劣难以界定，教师的教学积极性可能会因此受挫。同时，体育教学质量作为教师工作业绩的重要衡量标尺，其重要性不言而喻。对于教师而言，体育教学评价不仅是学校和教育行政领导进行教师聘用和晋升的关键依据，而且能够在全面了解教师基本情况的基础上，为教师提供针对性的进修和提升机会。

从学生的视角来看，体育教学评价同样至关重要。它能够清晰地反映学生的知识掌握程度、体质健康状况以及运动技能的发展水平。因此，在评定学生体育学习成绩的同时，体育教学评价也能为学生的考核评估、升降级决策以及课程选择提供有力支撑。

3. 反馈和指导功能

体育教学评价的结果为体育教师和学生提供了了解教学过程和效果的窗口，并据此进行有效指导。心理学研究表明，只有依据反馈信息调整自身行为，才能更有可能实现预期目标。

对于体育教师而言，及时获得教学方面的评价反馈信息至关重要。这使他们能够迅速反思教学准备与实施过程，发现教学目标设置、教学方法、教学手段、教学策略、教学智慧、运动负荷、练习密度以及教学组织与管理等方面的亮点与不足。这样的反馈为接下来的教学调整奠定了坚实基础，为体育教学的持续改进提供了有力依据。

对于学生来说，及时获取学习方面的评价反馈信息同样重要。这有助于学生更深入地了解自己的体育学习状况，明确在体育学习上的优势与问题。在此基础上，学生可以更有效地调整自己的学习目标、学习动机、学习策略和学习方法。

4. 评估与决策功能

科学的教学评价是教学工作决策不可或缺的基石。在体育教学领域，教学质量并非主观臆断，而是需要基于全面、准确的教学工作了解。选取明确、客观且科学的评价指标，对教师的教学活动和学生的学习过程进行全方位、多维度的评估。具体来说，对教师的教案设计、目标设定、教学手段与方法运用、课堂组织与管理策略等方面进行综合考量，以确保能够客观公正地评价教师的教学表现，为教学工作的改进与革新提供坚实依据。

对于学生而言，需要综合考虑他们在课堂学习与体育实践中的积极性、态度表现、意志力品质、思维反应速度、情绪控制能力、学习效率及学习成效等多方面因素。只有这样，才能客观公正地评估学生的学习状况，为教师准确评定学习成绩以及学生制订个性化学习计划、优化学习策略提供有力支持。

5. 榜样与竞争功能

教学评价在激发教师与学生积极性方面扮演着关键角色。对于教师而言，通过教研活动、评课活动等适时、客观地对体育教师的教学工作进行评价，能够选拔出一批表现突出的优秀教师，如教坛新秀和教学能手，进而构建起一个良性循环的榜样体系，加速体育教师队伍的整体成长。同时，这一评价体系也有助于体育教师清晰认知自身的教学短板及未来发展方向，促使他们深入开展教学反思，持续提升教学水平。

对于学生而言，教师给予的及时且具体的评价，尤其是正面肯定，能够在学生群体中充分发挥榜样的引领示范作用。因此，教师经常对学生的学习成果进行表扬、反馈、评价和激励，并通过测试等方式加以验证，这对于提升学生的学习积极性、增强学生的学习效果具有至关重要的作用。

体育教学评价是对教师教学成效和学生学习成果的综合评判，虽不强调名次，但会提供明确的定量等级和定性改进建议。如此，同行教师之间、同班学生之间等各个层面便会形成自然的横向比较，客观上促进了各类教学主体之间的良性竞争，有利于激发师生的内在潜能和智慧，从而催生出更好的教学效果。

（六）体育教学评价的作用

体育教学评价的作用体现在可以为体育教学活动的改革和发展提供必要的反馈信息，并为学校体育教学的管理、体育教师的教、学生的学等方面做出一定的指导，以此对其发展与进步产生一系列积极影响。

1. 提高体育教学水平

体育教学评价可以为体育教师提供更多了解自身教学质量和教学水平的机会，使教师可以有目的、有意识、有针对性地改进教学方案，调整教学内容，优化教学手段，从而逐步提高其体育教学水平。

2. 维持学生体育学习的自主性

在进行教学评价之后，学校和教师可以全面掌握学生的学习情况，并通过评价反馈给出一些有针对性的建议。而学生通过对各项建议的消化理解，可以及时对学习方式进行调整，并创造性地解决学习过程中的难点甚至瓶颈问题，提高体育学习的自主性。

3. 完善体育教学管理系统

体育教学管理是一个系统工程，涉及对各项资源、各类对象方方面面的管理，而借助对体育教学的全面、详细评价，可以及时发现管理中的不足之处，以便采取妥善措施快速修正、完善，确保体育教学管理系统的顺畅运转。

4. 提高体育科研水平

在新课改的推动下，体育教师不仅承担传授体育知识和体育技能等基本职责，还肩负着一定的科研任务。体育教学评价可以为科研提供真实、详尽的体育教学资料和数据，且借助规律性的教学评价，体育教学资源可以得到持续更新，从而为体育教师科研水平的稳步提高奠定深厚的信息基础。

二、高校体育教学评价的发展趋势与改革的策略

（一）高校体育教学评价的发展趋势

高校体育教学评价体系，犹如学校体育改革的指南针，对体育教学思路的导向、体育教学质量标准的设定、社会人才观的塑造，都起着举足轻重的引导作用。因此，明确高校体育教学评价的发展趋势，对于构建和完善这一评价体系，具有至关重要的指引意义。

1. 评价理念趋于科学化

高校体育教学的发展应着眼于未来社会的需求和基础教育的发展趋势，致力于培养具备科学价值观、全新知识结构和思维方式，同时富有创新精神和实践能力的新型体育人才。在健康教育的实践中，科学的体育教学评价如同改革的助推器，为体育教学的改革与发展提供坚实保障。同时，我们应淡化评价在甄别选拔方面的功能，转而建立内容多元、方式多样的评价体系，既关注学生的全面发展，又注重教师素质的提升，通过有效改进教学实践，最终达到提升教学质量的目标。

2. 评价主体趋于互动化

在现代高校体育教学评价的发展进程中，有两个核心要点尤为突出：一是强调评价过程中的双向选择、沟通协商，重视评价结果的认同度；二是强化自评与他评的结合，让管理者、教师、学生都能积极参与其中，形成互动式评价活动。

这足以表明，在体育教学评价中，评价主体间的联系与互动正日益紧密，对评价效果产生着显著影响。

进行教学评价时，应邀请所有使用评价信息的人员参与其中，让他们提出自己的需求和建议，确保评价结果能够贴合使用者的实际需求。将被评价者也纳入评价者的范畴，原先的评与被评的对立关系便转化为平等的协作关系，共同推动评价工作的顺利进行。

3. 评价内容趋于多元化

在高校体育教学评价中，学生始终是评价的主体。因此，评价工作的开展需紧密围绕学生的特点和需求，其中，评价学生的综合素质是重中之重。评价内容包括学生的认知水平、技术技能水平、身心健康程度、社会适应性、创新精神、体育能力等多方面内容。同时，我们也重视培养学生的积极情绪情感体验和心理素质。

在评价方法上，我们在质性评价的基础上，不仅考查技术或理论知识等认知层面的内容，也重视对学生表现等行为层面的评价。此外，我们还特别注重对个体发展独特性的认可，努力帮助学生树立自信，让他们在体育学习中找到属于自己的舞台。

4. 评价方式趋于多元化

（1）自评与他评相结合

评价方法应当多元化，将自评与他评、学生评价与教师评价紧密结合起来。在过去几十年的体育教学评价中，教师一直是绝对的评价主体，教师对学生的评价似乎理所当然，很少有人质疑这一权威式评价方式。然而，真正能深入了解学生主体的其实是学生本人，而非教师。心理学告诉我们，外因是变化的条件，内因才是变化的基础。要让被评价者主动改正，首先必须让他们认识到自己的不足和缺点。目前，我国部分高校在评价方式上存在单一性，缺乏学生自评、学生评价教师等环节，主要依赖于学校评教师、教师评学生的方式。这种单一的他评方式容易让教师和学生产生急功近利的思想，倍感压力，对培养学生终身体育习惯和提高教师教学效果都不利。而自评的方式则能增强教师和学生的参与积极性，提高他们的主动性，使他们更好地投入教学和学习中。因此，我们应加强学生自评与师生互评，将这两种评价方式与体育教学紧密结合，充分发挥评价方式的功能。

（2）终结性评价与过程性评价相结合

过程性评价侧重对学习过程的纵向评价，相对于终结性评价而言，它具有一定的弥补功能。过程性评价方式灵活多样，能够给教师和学生提供及时的反馈，帮助他们不断改进。同时，过程性评价更容易让教师关注学生的非智力因素发展，对实现体育教学的终极目标非常有利。因此，在评价方式中，我们应将终结性评价与过程性评价相结合，逐渐淡化终结性评价的比重，加强过程性评价的运用。这样可以有效调节教学的各个阶段，使教学过程更加科学合理，从而提高高校体育教学的质量。

（3）定量评价与定性评价相结合

定量评价作为评价体系的基础，在高校体育教学评价中处于核心地位。然而，体育教学是一项复杂而全面的教育工作，其中许多方面，如学生的思想、情感、习惯及学习态度等，是无法用具体的数值来衡量的。因此，一个科学的评价体系应当融入定性评价标准，否则将难以全面反映评价对象的真实情况。为了全面准确地把握学生的学习状况，我们应当将定量评价与定性评价相结合，共同构成完整的评价体系。

（4）个体差异性评价与绝对性评价相结合

个体差异性评价有助于增强学生的自信心，让他们清晰地看到自己的进步。体育教学过程注重的是学生的成长与发展，因此，在评价学生的体育学习时，我们既要采用绝对性评价来衡量学生的整体水平，又要强调个体差异性评价来关注学生的个性化发展。具体可以采用“相对评分法”：在开学初，通过诊断性评价为每位学生建立个人学习档案，记录他们在知识、技能、体能等方面的基础水平，作为学期起点的成绩；学期结束时，将终结性评价结果与起点成绩进行对比，就能直观地看到每位学生一学期的学习进步幅度，从而让每个学生都能感受到自己的成长。

此外，科学评价还应高度重视学生的心理健康发展以及体育学习态度与情感的培养，致力于培养学生的终身体育习惯。体育教学的终极目标是促进学生的身心健康发展，因此，在评价学生的体育学习水平时，我们不仅要关注他们身体素质的提升和运动技能的掌握，还要将心理和谐发展作为重要的评价指标。学生的体育学习态度体现在他们参与体育活动的积极性上，如是否主动学习体育锻炼的知识，是否积极投入体育锻炼，是否主动与他人进行体育交流等。我们可以通过观察学生回答问题的情况、自行解决问题的能力以及运动中的积极性等方面，及时给予口头表扬或当场打分，以评价学生的学习态度，进而增强他们的参与意识。只有这样，才能激发学生对体育的兴趣，培养他们终身体育的意识和习惯。

（二）高校体育教学评价改革的策略

1. 更新体育教学评价理念

构建科学的评价机制必须根植于素质教育的基础之上，紧扣素质教育的基础性、全面性、主体性和个体性特征，准确理解学校体育在素质教育中的重要作用，明确学校体育的教育目标。评价机制应确保评价目标与教育目标的高度一致，并以此为基石，精心设计体育教学评价的指标体系。只有科学合理的评价指标与切实可行的评价方法，才能引领评价体系发挥正确的导向功能。

因此，高校体育教学评价的理念亟须全面革新，建立多维度、多方法的综合质量评价体系。这一体系既要重视对学生体育知识、技术、技能等学习成果的考核，也要加强对学生体育能力、情感、意志、思想品质等方面的关注。特别要强调的是教学效果的评价，应加强对教学过程的监控与评估，重视学生在学习过程中的努力付出与进步幅度。

2. 深化对体育教学评价的认识

在高校体育教学过程中，教师和学生在体育教学评价方面的认识尚显不足。为了弥补这一缺陷，迫切需要增强他们的体育教学评价意识。首要任务便是让他们深入了解体育教学评价的真正意义和价值所在。从学校层面出发，应积极发挥教学评价的积极作用，有效激发体育教师的行动动机和工作热情。明确体育教学评价的核心目的在于推动体育教学的发展，优化教学体制，这不仅是提升教学质量的关键，更是激发教师责任感和使命感的重要途径。

3. 坚持以人为本的评价观

在高校体育教学评价中，学生处于主体地位，评价活动应紧密围绕学生展开。因此，学校必须切实满足学生的需求，同时着力培养学生的主体意识，引导他们学会主动学习，这可以为学生的成长与成功奠定坚实的基础。作为教育教学的重要阵地，学校应面向全体学生，教育者在评价过程中应始终秉持以人为本的评价观，坚信每个学生都蕴含着无限的潜能。通过积极的鼓励措施，激励每一位学生奋力拼搏、追求卓越。

4. 重视学生学习过程的评价

在高校体育教学评价中，我们不能仅仅依赖于终结性评价这一单一方式，而应该更加重视学生在整个学习过程中的表现。评价的内容需要涵盖多方面，包括学生在锻炼过程中所展现的情感状态，面对困难时表现出的毅力与坚持，参与体育课的热情程度以及积极思维的水平，还有学生课后自觉锻炼的态度和情感投入。通过对学生学习过程的细致入微的全面评价，我们不仅能够更准确地了解学生的学习状态和需求，还能更有针对性地促进他们的全面发展。

5. 完善体育教学评价内容

高校体育教学评价不仅要发挥其应有的价值，还要关注学生的需求，同时确保评价内容的全面覆盖和评价结果的客观公正。为了满足这一要求，我们必须充分尊重教师和学生这两大主体的意愿，从他们的情感状态、行为表现及实际需求着手，不断丰富和完善评价内容，使教学评价体系更加系统化、科学化。一方面，学校应持续优化体育教学培训体系，定期为教师提供新知识、新技能的培训机会，全面提升教师的整体素质，帮助他们更深入地理解体育教学的核心目的与目标，即激励学生积极参与体育健身运动，培养坚韧不拔的精神品质。另一方面，体育教师在进行教学评价时，必须严格遵循体育教学标准和评价原则，确保评价的客观性和全面性，充分发挥体育教学的综合育人功能。同时，体育教师还应密切关注学生在体育学习过程中的成长与进步，在评价学生的体育学习及表现时，积极推动体育教学方式向以学生为中心的服务模式转变，更好地满足学生的个性化需求。

6. 评价时要遵循差异性原则

考虑到不同地区学生的能力水平、学习风格及发展需求各不相同，体育教师在进行教学评价时，务必充分认识和尊重这种个体差异。面对不同层次的学生，教师应采取差异化的评价标准，以科学、合理地衡量他们的表现。对于后进生，教师应多采用表扬的方式，细心发掘他们的闪光点，及时肯定他们的每一点进步，从而激发他们的学习积极性；对于中等生，教师应采取激励性评价，既要指出他们的不足，也要为他们指明前进的方向，鼓励他们不断进取；而对于优秀生，教师则应采用竞争性评价，坚持高标准、严要求，引导他们保持严谨、谦虚的态度，不断挑战自我、超越自我。通过这样的差异化评价策略，可以确保每位学生都能在原有基础上取得更大的提升和进步。

第六章　高校体育教学主体与管理的改革

高校体育教学主体与管理的改革不仅涉及教学主体的角色定位和教学管理模式的创新，更关乎高校体育教学的整体质量和学生的身心健康发展。本章研究的内容包括高校体育教学主体的改革和高校体育教学管理的改革。

第一节　高校体育教学主体的改革

高校体育教学主体是处于高校体育教学最核心位置的要素。从广义上来说，体育教学主体包括参与体育教学的全部相关人员；从狭义上来说，高校体育教学主体主要是指教师和学生，其中，教师处于主导地位。体育教学主体的发展也会影响体育教学的整体发展，所以，对体育教学主体进行分析和研究是十分必要的，在此从狭义方面展开研究。

一、体育教学主体概述

（一）体育教师

1. 体育教师的综合素养

（1）丰厚的知识储备

①理论知识方面。政治理论知识对体育教师至关重要。作为教育事业的重要执行者，教师的思想政治水平直接且根本地影响着学生。因此，具备过硬、坚定且方向正确的政治思想，是体育教师不可或缺的基本素质。体育教师的思想政治素质，往往通过其政治理论修养的程度得以体现。

首先，体育教师需掌握丰富的教育科学知识，这包括教育学、心理学、体育学科相关教学论以及现代教育技术等多个与教学相关的学科领域的知识。

其次，扎实的专业基础知识是体育教师必备的。不同学科的教师所需的专业知识各异，对于体育教师而言，体育相关知识就是他们必须掌握的专业基础，这是其专业能力培养和发展的重要理论支撑。

再次，体育教师需不断充实学科前沿知识。社会和体育教育事业都在不断发展变化，教师所掌握的知识也必须与时俱进。新知识、新文化是推动体育教学改革的重要力量，也是体育教师必须掌握的重要专业知识。

最后，体育教师还需不断丰富和提升自身的体育专业知识储备。除了掌握普遍的教育科学知识，他们还需关注体育相关知识的更新发展，及时了解新信息，以不断更新自己的知识储备，掌握最新的专业知识。

②应用类知识方面。体育教师除了需具备基础理论知识和专业知识，还需掌握实际应用方面的知识，以便直接指导具体的教学实践活动。

（2）规范的语言与文字

①体育教师职业语言的基本要求。体育教师在语言运用上要注意专业性，即要用职业语言进行教学，具体要做到以下几点。

所运用的体育教学语言首先要专业，同时还要保证其科学化和规范化。

教师在教学过程中运用到的所有语言，都必须具有准确性与规范性特点。

在教学过程中，对所有概念的解读，都要保证准确性，切忌模棱两可。

教学过程中运用的语言，必须具备一定的启发性，切忌生硬灌输。

②术语和俗语。在体育教学中运用语言，可以科学讲解知识点，能组织相关的教育行为，然而，只有这些直观的教学特点是不够的，还要赋予其丰富的艺术性。

一般来讲，术语在体育教学中的应用，是为了保证其科学性特点，而俗语的应用，则是为了充分体现语言的生动性、趣味性和通俗易懂，也就将语言的艺术性特点体现了出来。在体育教学中使用语言教学法时，体育教师必须结合实际的教学情况，将术语与俗语结合起来加以运用，保证教学语言的准确性与多样性，从而保证教学内容可以更好地被学生所接受。

③文字和写作。对于从事体育教学的教师而言，文字和写作是其必须具备的基本功。体育教学的内容涉及的范围较为广泛，为了做好相关的教学工作，撰写一系列的体育教学文件是十分重要且必要的。具体而言，实践教学中所用到的文件主要有两种，即体育教学计划和教案，每名体育教师都要会撰写这两种基本的教学文件。因此，体育教师必须拥有良好的文字和写作功底。

2. 体育教师工作的特点

高校体育教师面对的是即将步入社会的青年学子，他们已经初步具备了成年人的思想和价值观，形成了较为稳定的人格和性情，具有了独立思考的能力，对教师也有了更高的要求。所以，高校体育教师的工作相对更加复杂、更有挑战性，或者说也更容易获得成就感。对体育专业训练的课程来讲，高校学生的体能要明显高于青少年儿童。所以，高校学生的体能训练和技术训练都会有更高的要求、更大的负荷。与此同时，高校体育教师的工作除了具有一般体育教师工作的特点，还有以下一些特殊性。

（1）教学任务的多样性

由于高校开设的体育课程内容十分丰富，除了必修课还有大量的选修课，所以也意味着高校的体育教师肩负着更多的教学任务。体育教师必须掌握丰富的体育知识和扎实的专业知识，才可以满足教学工作的要求。这些教学任务主要是教授体育理论知识与运动技能，此外，高校体育教师还要注重培养学生的体育健身意识、保健意识、体育欣赏能力和体育组织能力等。

（2）教学内容的专业性

高校体育教师的授课特点与中小学不同的是，中小学以发展体能为主，掌握运动技能为辅，而当学生进入高校后，经过多年的体能训练，他们的基本功训练已经相当充分，体能基础也已经比较扎实，对高校期间的体育课程提出了更高的运动技能和项目技能的要求，这就需要体育教师具备超强的专业功底和教学能力，指导学生学习更为专业的运动知识和更为深入的运动技能的训练。现代高校的体育教学除了常规的体育课，还有课余体育活动、体育比赛、体育俱乐部、高水平运动队等不同的形式，这些都属于高校体育教学的组成部分，都需要体育教师的指导和参与，所以，现代高校的体育教师必须具备非常强的专业能力。为了可以胜任这一角色，体育教师就要不断地完善自我、坚持不断地精进，从而提升自身的专业能力。

（3）教学关系的互动性

体育教学的主体是体育教师与学生。而高校学生的身心发展水平已经趋近成年人，他们具备了较强的主体意识，在进行体育学习和体育运动时，有了更多的主动性和独立性，较少地依赖教师，喜欢自己去独立探索和尝试，倾向于把体育教师当作顾问的角色，在遇到解决不了的问题时，再请求教师的指导。因此，大学阶段的体育教学具有更多的师生互动、交流，偏向于对学生体育意识的启发，鼓励和支持学生自主发展体育兴趣和专项运动的能力。

（4）科研能力的重要性

高校体育教学对教师的科研能力也提出了更高的要求。高校体育教师的教学任务除了完成指导纲要规定的内容以及常规的教学活动，还有一点比较重要，就是他们要承担一定的体育科研工作。为了满足高校学生对发展体育运动的要求，教师必须具备较强的科研能力，能够与时俱进，紧跟学科前沿的发展动态，努力给学生提供一流的学习体验。除了专业技能，体育教师还要学习外语，会操作多媒体软件、视频编辑软件等。

3. 体育教师的专业技能

体育教师在具备一定的综合素养的基础上，还要在专业技能上加以提升，具体内容如下。

（1）指导体育教学策略的能力

在体育教学中，学生处于主体地位，他们的主要任务是进行体育学习，这一过程是在教师的精心指导下进行的。学生学习的核心目的是掌握体育相关知识、专项技能，并培养良好的意志品质和个性。学生在体育学习过程中需要运用有效的学习策略，即体育学习策略。而对于体育教师来说，必须具备的一项关键技能就是指导体育教学策略的能力。这项专业技能是体育教师能够出色完成学校体育教学任务的重要保障。

（2）组织学校课余体育竞赛活动的能力

课余体育竞赛在学校体育事业中发挥着重要的宣传教育作用，它不仅能够加强团结、增进友谊，还能有效增强学生体质，丰富校园文化生活，培养学生坚强、拼搏和永不放弃的精神。同时，课余体育竞赛也是发掘和培养优秀体育人才的重要途径。学生的体育学习不仅仅局限于体育课堂，课余时间的体育竞赛活动同样是他们学习和成长的重要平台。因此，体育教师必须具备组织学校课余体育竞赛活动的相应能力。

4. 体育教师的教学能力

体育教师的教学能力与其综合素养、专业技能同等重要，且缺一不可。若其中任何一方面存在不足，都将使体育教师难以胜任教学工作，难以开展有效的体育教学，更无从谈起取得令人满意的教学效果。具体来说，体育教师的教学能力主要涵盖两方面：一是课堂教学实施能力，这关乎教师如何有效组织课堂、系统传授知识、积极引导学生参与体育活动等；二是教学创新能力，这要求教师在教学实践中勇于探索、不断尝试新方法和新途径，以适应日新月异的教学环境和学生需求。只有同时具备这两方面能力的体育教师，才能更好地履行职责，促进体育教学事业的持续进步与发展。

（1）体育教师的课堂教学能力

体育教师的课堂教学能力又可以进一步细分，主要包含以下几方面的具体内容。

①教育能力。体育教师在其角色定位中，首要身份是一名合格的教师。育人，作为教师职责的重要一环，决定了教育能力成为体育教师不可或缺的核心素养。这一能力内涵丰富，包括深入了解和分析学生的行为、学习和思想状况，并能做出准确的判断。此外，体育教师还需灵活应用各种教育方法，敏锐捕捉教育时机，有针对性地对学生进行教育。为实现这一目标，体育教师需全面、细致地掌握学生的思想纪律状况、学习兴趣和动机等，既要关注整体的统一性，也要照顾到个体的差异性。在此基础上，深入分析，制定出切实可行的思想教育任务和措施。在整个过程中，体育教师应致力于激发学生的积极性和主动性，确保教学任务得以顺利完成。

②语言表达能力。体育教师在教学指导中，应运用多种表达方式，而语言表达无疑是最直接、最常用的一种。因此，体育教师必须具备出色的语言表达能力。通过口头语言，他们能够清晰、通俗地向学生讲解知识、动作、技术和练习方法，同时激发学生的思维活力，调动他们的学习积极性和主动性。为了达到这一效果，体育教师不仅要熟悉教材内容，还要对内容有深入、透彻的理解，并用生动、简练、有趣的语言表达出来。此外，他们还需恰当运用语气、语调、语速等副语言方式，增强表达效果。在教学实践中，特别是实践活动中，体育教师会经常使用特有的专业性语言——体育口令。运用这一特殊语言时，他们必须确保口令清晰、发音准确、声音洪亮、富有节奏感，以确保教学效果的最大化。

③身体姿势表达能力。与其他学科相比，体育教学在信息传递方式上具有显著差异。身体姿势在体育教学中发挥着尤为突出和有效的作用。体育教师运用身体姿势进行表达，既独特又普遍，其中动作示范是最具代表性的方式。通过动作示范，体育教师能够将教材内容转化为直观形象展示给学生，帮助学生更好地理解和掌握运动技能。

④现代教育技术运用能力。当今时代，信息技术发展迅猛，信息传播速度日益加快，这与信息传播技术的不断革新密切相关。互联网技术的出现，使得体育信息的传播速度和广度得到了极大提升。因此，体育教师应充分利用互联网技术，为教学带来更多便利。例如，他们可以更便捷地获取国内外各种文献和信息，及时了解体育学科领域的最新动向，这对他们自身知识的充实和完善大有裨益。同时，多媒体技术的广泛运用也改变了传统的体育教学方式。体育教师需要与时俱

进，不断提升自己的计算机应用能力，充分运用电教手段，成为能够熟练掌握并运用现代教育技术手段的教育工作者。

（2）体育教师的创新意识与创新能力

发展源于创新。对于体育教师而言，具备良好的创新意识与创新能力至关重要，这是不断提升体育教学质量，进而更好地适应社会需求的关键。

①秉承实事求是的科学态度。在教学改革中，无论是创造还是创新，都必须以实事求是为前提。体育教师需要充分了解学生，才能有针对性地提出改革方案，并确保这些方案能够适应学生的差异与特点。

②树立勇于突破的创新思维。体育教师要具备创新意识与创新能力，勇于突破、标新立异是其中的重要表现。任何改革计划或革新设想，都与现状存在差异。因此，要敢于打破常规，勇于尝试新事物。这种勇于突破的思维并非无根据的胡思乱想，而是建立在马克思辩证唯物主义思想的基础上。体育教师需要不断更新观念，改革思维方式，深刻认识教学的现实问题，理解教学改革的思想与方向，并对教育事业充满责任感和事业心。

5. 体育教师在体育教学中的重要地位

学校教学承载着提高民族素质，培养德、智、体、美、劳全面发展的建设者和接班人的根本使命。其中，体育教学肩负着增强学生体质、提升学生身体素质以及促进学生身心健康发展的重任。因此，体育作为学校教育的重要组成部分，与德育、智育、美育、劳育相互促进，共同构成了学校教育的完整体系，它们相辅相成，不可相互替代或割裂。

体育教师作为高校体育教学的核心力量，扮演着至关重要的角色。从体育课的教授到课余运动队的训练，从每日早操、课间操的组织到全校课外体育活动的指导，从校内体育比赛的举办到校外体育竞技比赛的带队参与，体育教师的身影无处不在，他们的心血和汗水贯穿其中。他们是学校体育活动的组织者和指挥者，更是学生健康体魄的塑造者和身心健康成长的引路人。

体育教师的积极性、素质直接关系到学生的体育教育和健康成长，影响到学生的全面发展，也关乎学校在社会上的声誉和形象。从这个角度来看，体育教师在学校中的地位举足轻重。

由此可见，体育教师所肩负的历史使命对于我国人才培养的质量具有至关重要的影响，关系到我国社会主义事业的建设和发展。因此，我们必须深刻认识到体育教师的应有地位及其所承担的重大职责和使命，广泛宣传体育教师的工作价值和劳动贡献，倡导全社会形成关心、爱护和尊重体育教师的良好风尚。各级教育行政部门和学校应切实加强对学校体育工作的领导，改善体育教师的待遇，为他们创造良好的工作环境和生活条件，努力提高他们的社会地位，充分激发体育教师的积极性和创造性。同时，还应采取有力措施，全面提升体育教师的自身素质，为培养更多德、智、体、美、劳全面发展的优秀人才贡献力量。

（二）学生

1. 学生身心发展特征

从现代教育角度来看，大学生的年龄跨度通常为 18 至 25 岁，少部分学生可以延续至 25 岁以上。大多数大学生处于青春期后期（不包括 25 岁以上学生），这标志着他们在生理上已经接近成熟。在这一阶段，他们的生理和心理特征与少年时期大有不同，表现出朝气蓬勃、青春阳光的特点，处于蓬勃发展的时期，也是将要独立走向社会的关键时期。

（1）身体机能的发展

①运动系统。人体的运动系统由骨、关节和肌肉这三大部分构成。在大学生这一年龄阶段，随着身体发育的逐渐成熟，他们的运动系统也达到了发育的顶峰。大学时期是维持和提升身体机能状态的黄金阶段，因此，长期坚持体育锻炼显得尤为重要。

首先，随着年龄的增长，骨骼中的有机物和水分含量逐渐减少，而无机物成分增多，使得骨骼变得更加粗壮，能够承受更大的压力和负荷。到了大学后期，骨化过程基本完成，身高不再有明显增长，骨骼发育通常在 25 岁左右达到成熟。

其次，关节的柔韧性对于进行体育锻炼和健身至关重要。大学生的关节软骨较厚，关节囊韧带具有良好的延展性，且关节周围的肌肉细长，因此关节的活动范围相对较大。然而，这也使得关节在稳定性与牢固性方面相对较弱，受到外力作用时容易发生脱位。因此，在高校体育教学中，必须重视并加强关节柔韧性的相关练习。

最后，肌肉的发育同样在 25 岁左右达到成熟。肌肉的主要成分是蛋白质，尤其是动物蛋白。随着年龄的增长，肌肉中的水分逐渐减少，有机物含量增多，肌纤维增粗并横向发展，使得肌肉变得更加厚重且力量增强。

②心血管系统。心血管系统由心脏和血管组成，承担着人体血液运输的重要任务，是人体中最晚成熟的系统之一，也是衡量人体健康状况的重要指标。

在进入大学之前，学生的心脏重量和容量都相对较小，心肌纤维短而细，弹力纤维分布较少，因此收缩力较弱，每搏输出量和每分输出量都比成年人略低。同时，他们的血管内径较宽，长度较短，血流阻力小，使得血液循环一周的时间相对较短。此外，毛细血管丰富，确保了在生长发育过程中，各组织器官能够在单位时间内获得足够的氧和营养供应。

进入大学阶段后，学生的心脏每搏输出量增大，收缩力加强，心率逐渐缓慢，收缩压也有所增高。这些变化使得血液供应能够更好地适应持续增加的身体负荷需求，从而提高了人体的抗负荷能力。

③神经系统。神经系统是人体中发育最早、速度最快的系统，其基本功能在少年时期就已初步成熟。然而，在这一阶段，大脑皮层中兴奋与抑制的过程尚未达到均衡，兴奋过程相对较强，而抑制过程则相对较弱。

进入大学阶段后，大脑进一步成熟，第二信号系统逐渐完善，与第一信号系统的联系也更加紧密。这一时期，人体的分析与综合能力以及神经活动过程的灵活性均得到显著提升，神经系统的机能基本达到成人水平。由于神经活动过程变得更加灵活，神经细胞的物质代谢也更加旺盛，因此神经系统较易感到疲劳。但值得庆幸的是，其恢复能力也同样迅速。

此外，脑细胞内部的结构和机能经历了更复杂的演化发展过程，促使大脑皮层实现了质的飞跃。这为提升人体的思维创造能力奠定了坚实的物质基础。因此，在体育教学活动中，我们可以采用启发式与比较教学法，充分利用学生的既有经验，深入挖掘学生的潜力。

④呼吸系统。在大学阶段，学生的肺部继续发育，表现为肺的横径和纵径持续增加，肺泡也随之增大，这一变化在男生中体现得尤为显著。由于呼吸肌的力量增强，使得呼吸变得更为缓慢而深长，呼吸深度增加，肺活量也随之提高，整个呼吸系统的功能更加完善。

（2）身体素质的发展

①身体素质的概念。身体素质是指个体在进行基本活动时所展现出的能力，它反映了肌体各器官系统在运动过程中的机能状态。具体来说，身体素质涵盖了力量、速度、耐力、灵敏性、柔韧性以及协调性等多方面的能力，这些能力在人进行身体活动时得以体现。身体素质是人们进行学习、工作、劳动以及日常生活所必备的基础条件之一。

②大学生身体素质特征差异。在年龄差异方面，相关资料显示，男子在 19 岁之前，女子在 13 岁之前，其速度、腰腹力量、静力性力量耐力、弹跳和耐久力等身体素质指标会随着年龄的增长而逐渐增强。对于男生而言，身体素质发展

的高峰期通常出现在19至22岁之间；而女生的身体素质发展则呈现出两个高峰，第一个高峰在11至14岁之间，第二个高峰在19至22岁之间，且第二个高峰期的身体素质指标往往高于第一个高峰期。

具体来看，男生在7至8岁时，除速度指标外，其他身体素质指标已开始逐渐发展，并在12至16岁时达到高峰；而女生的大部分身体素质指标在7至9岁时即已达到高峰，但柔韧和耐力素质在18至19岁时又会出现一个新的高峰。

这些规律表明，到了大学阶段，人体仍然具有一定的发展空间，并非已经停止生长。因此，在大学阶段，坚持体育锻炼对于确保身体素质的全面发展仍然至关重要。

在性别差异方面，男女之间的身体素质存在显著差异。以相同年龄的大学生为例，从力量、灵敏度、耐力、速度等身体素质指标来看，男生通常优于女生；而在柔韧、平衡、协调性等方面，女生则普遍超过男生。

（3）大学生心理素质的发展

现代大学生普遍具备较高的文化素质，他们思维活跃，充满闯劲和干劲，对周遭事物怀揣着浓厚的探究精神。随着年岁的增长，他们在生理上已迈入成熟期，而心理发展也需与之相辅相成，以塑造全面且稳定的人格特质。大学生心理素质的发展主要展现在以下几个维度。

①性格特点日趋稳定。性格作为个体在现实生活中所展现的稳定态度和习惯性行为方式，是心理特征的关键构成部分。在大学阶段，学生的个性发展逐渐趋向稳定，开始形成独到的世界观、人生观和价值观，自我意识亦不断增强。性格稳定是大学生心理健康的重要标志，也是他们步入社会、适应环境的重要基石。然而，大学生虽已相对成熟，但在特定情境下仍可能显露出单纯、幼稚的一面，对事物的判断或许欠缺足够的深度和广度。因此，教师仍需指引学生进行自我教育和自我锤炼，助力他们完善性格特点，提升判断力和决策力。

②情感世界愈发丰盈。大学生正值青春韶华，风华正茂，爱憎分明，情感世界日益变得丰富多彩。随着阅历和经验的累积，他们的情感逐渐呈现出复杂而细腻的面貌。他们开始学会更深入地理解和体悟情感，也更擅长表达自己的情感。虽然大学生的情绪不再如少年时那般波动剧烈，但在遭遇突发事件或面临重大压力时，仍可能喜怒溢于言表，展现出情绪化的一面。故而，在高等教育中，尤其是高校体育教学中，教师应适时引导学生学会情绪管理，使他们以更加有修养、更加成熟的态度面对生活中的种种挑战。通过积极参与体育运动，大学生可以释放压力、宣泄情绪，从而有效控制和调节个人情绪，保持身心健康。

③自我意识显著增强。自我意识是指个体对自己身心活动的觉察和认识以及由此衍生的个人情感和自我价值感。进入大学后，由于环境的变迁和角色的转换，大学生的心理感受也随之发生变化，出现对自我进行重塑的趋势。他们开始更加关注自己的内心世界，思索自己的存在意义和价值追求。自我意识的形成与发展是个体向社会发展的过程，也是人在与周围人的交往中，通过他人对自己的期望和自我评价而逐渐塑造起来的。因此，大学生应珍视这个自我成长的机会，积极探索自我、认识自我、完善自我，为未来的人生道路奠定坚实的基础。

④智力水平达到高峰。认知活动作为人们最基础的心理活动，涵盖了观察、记忆、思维等方面。人在进行这些认知活动时所展现出的各种能力，统称为智力。通过科学的方法对不同年龄段的智力水平进行测算，结果显示，人的智力测验分数在初期会随着年龄的增长而不断攀升，直至 20 岁后才逐渐趋于稳定。而智力的高峰期则出现在 20 至 25 岁之间。

2. 学生在体育教学中的地位

（1）学生是体育学习的主体

在体育教学的过程中，教师和学生共同构成不可或缺的两大要素，各自承担着独特的职责。教师作为体育教学的引领者，其核心任务是“教”——传授体育知识、技能与价值观，同时引导学生积极参与体育活动，促进其身心全面发展。而学生，则是体育学习的核心主体，他们的主要任务是“学”。学生需积极主动地学习体育知识与技能，投身于体育活动之中，以此提升自身的运动能力和综合素质。因此，在体育学习的过程中，学生处于主体地位，他们在教师的悉心指导下，通过自身的不断努力，勇于探索、积极实践、不断创新，从而实现自我发展与提升。

（2）学生是体育教师的合作者

在体育教学活动中，教师和学生作为两大直接参与的主体，共同构成了教学活动的核心力量。尤其在篮球、乒乓球、排球等集体性运动项目的动作教学中，更需要教师与学生的紧密合作与共同参与。单纯依靠教师的单方面传授，往往难以产生理想的教学效果。学生的积极配合与主动参与，对于教学活动的顺利进行以及教学目标的实现至关重要。只有当教师与学生形成良好的合作关系，教学活动才能顺畅进行，教学效果也才能得到有效保障。

（3）学生是体育文化的继承者和创造者

在体育学习的过程中，学生承担着一项至关重要的任务——不断汲取丰富的体育知识。这些知识涵盖了体育文化的多个层面，助力学生逐步深化对体育的认知与领悟。在此基础上，学生将逐步形成并发展出具有创新性的体育文化观念。

同时，学生还需在体育文化领域展现出一定的创造力。通过持续的创造实践，他们不仅能够有效地传承和发展所学的体育文化，还能为体育文化的繁荣与进步贡献自己的智慧与力量。

3. 学生在体育教学中的特点

（1）规律性与发展性

学生的体育学习是一个需要主观努力的过程，但是也需要遵循认知、技能发展等相关规律。对于师生来说，必须充分认识到这些规律。体育教学本来就不是一个一蹴而就的过程，而是应循序渐进、在遵循客观学习规律的基础上开展相关身体练习与学习活动。

对于每个学生来说，虽然有各自的情况和发展道路，但他们都处在动态变化中，教师要意识到每一个学生身心所展现的各种特征都是在变化的，而且学生身心各方面的发展都隐含着巨大的变化性。因此，在高校体育教学中，体育教师应以发展的眼光和辩证的视角来看待学生。

对于体育教师来说，了解学生成长的规律性与发展性特点的意义在于能充分认识每一个学生，在所有教学阶段都能做到因材施教，促进基础较好的学生更上一层楼，更重要的是不抛弃、不放弃每一个所谓“差生”。

（2）差异性与统一性

体育教学对象是学生群体，在学生群体中，每一个学生的年龄、性别、运动基础、知识结构、教育背景等不尽相同，在知识结构、感知能力、思维水平、想象力、创造力以及兴趣、情感的表现力等方面都会有明显的差别。面对各有特点的学生，教师要正视他们的区别，并结合这些特点，有针对性地开展体育教学工作。

但也要认识到，即便学生之间具有明显的个体差异，但在同一个阶段内，相同性别、年龄的学生群体在很多方面是有统一性的，体育教师可以从不同学生的共同点和相似点入手，开展相应的教学工作。

（3）积极性与主动性

学生在体育学习中的积极性与主动性是其主体性的核心表现。体育教师应将教学活动建立在激发学生对体育教学的积极态度和自我驱动的基础上。学生的积极性与主动性对于提升教学效果和运动技能至关重要。因此，体育教师在教学过程中应尊重学生的主体性，赋予学生选择和决策的权利，同时考虑学生的个人兴趣和特长，科学地规划体育教学内容，合理地选择教学方法，并精心设计教学流程，以进一步激励学生积极参与体育运动。

（4）独立性与自主性

所谓独立性，是指学生的身心发展与学习特点二者间是相互独立的，对于教师来说，针对学生的这种独立性，要做到因材施教。具体来说，每一个学生都是独立的个体，学生的体育基础、发展目标与追求、制约学习的个性心理特征等都有各自不同的情况，所以要因材施教。

学生是一个动态个体，具有主体意识，对体育教师在教学中的布置与安排并不是无条件接受的，他们希望教师的教学尽量满足自身的需求、符合身心发展特点、运动量适当等。尊重学生的自主选择权对于体育教师有针对性地开展教学活动、取得良好的体育教学效果具有积极意义。

（5）创造性与创新性

学生的个体差异决定了其在体育教学中完成教师布置任务的方式、方法、思路等都不相同，因此也不可能完全遵循体育教师的教学内容和方法去完成。面对这种情况，体育教师也没必要“一刀切”地要求所有学生都按照自己的要求去做，要善于发现学生在体育学习中可能会表现出来的想法、个性与创造性。

有特色的教学活动往往都充满了创造性与创新性，因此，体育教师要鼓励学生的新想法、新思路和新创造，这样才能培养出符合现代教育发展和素质教育要求的优秀人才。

（6）多样性与潜能性

运动技能的掌握、体育素质的培养、锻炼习惯的养成等，都需要一个循序渐进的过程，在这个过程中，作为体育教学对象的学生可能会有各种各样的反应与表现，有时很多表现是不尽如人意的。例如，平常成绩优秀的学生，可能会在某一个阶段出现运动成绩下滑、状态糟糕的状况。对此，体育教师在教学中要及时观察学生的变化，培养、挖掘学生的潜能。

在体育教学相关的活动中，体育教育对象——学生所体现出的潜能包括以下四方面的内容。

①丰富性。人类的潜能是十分丰富的，体育教师要时刻留意学生在某方面所表现出的非比寻常的能力。

②差异性。针对不同学生的差异，教师应充分考虑到所有人都有自己擅长的方面，都在自己擅长的方面缊含着无穷的潜能，潜能的能量、等级也是因人而异

的。潜能的体现与心理发展、社会性实践有关，教师要尊重每一个学生的发展成长规律。

③隐蔽性。潜能具有隐蔽性，一般在不经意间流露，是很难直观发觉的某些特殊能力，对此教师应充分了解每一个学生的发展潜能。

④可开发性。潜能可以通过体育教学而得到开发，体育教学应不断提高学生的体育水平，促使每一个学生的潜能都能被激发出来。

4. 学生主体性在体育教学中的体现

学生在体育教学中的主体地位是不容忽视的，正如苏联著名教育实践家和教育理论家苏霍姆林斯基所倡导的“要让每个学生都抬起头来走路”的教育理念，深刻体现了对学生主体性的尊重与彰显。在体育教学活动这一特定场域中，学生的主体性可以从多个维度得以充分展现。

（1）体育学习内容的选择性

体育学习内容的选择性便是体现学生主体性的重要方面。为了激发学生的积极性和主动性，体育教学应当赋予学生选择教学内容的权利。这一理念在体育教学改革中得到了广泛倡导，并在部分高校进行了多年的实践探索。学生自主选择教学内容，不仅是其自主性最为活跃的表现，也是促进其个性化发展的重要途径。

当然，学生的选择并非毫无约束和限制。他们所能选择的内容必须是在体育教育专家根据社会需求和教育目标进行初步筛选后确定的范围内。尽管这种选择存在一定的框架，但它仍然能够在一定程度上帮助学生明确学习目标，调动其学习的积极性和主动性。因此，让学生在教学目标的引领下参与到教学内容的选择中来，是体现其主体性、促进其全面发展的必然要求。

（2）体育学习过程中的自主性

在体育教学活动中，学生的自主性还体现在以下几方面。

①对学习目的具有主动和独立的意识。

②对体育教学活动具有一定的支配、调节和控制性。

③充分挖掘自身潜力，包括想象力、应变能力和创新能力等各种潜力。

（3）体育学习过程中的能动性

大学生对于体育的认识和了解与小学生、中学生具有很大的不同。大学生在踏入高校的校门之前，就已经对某些体育运动具有深刻了解。所以，学生在学习中的能动性体现在他们主动参加体育活动，并能以自己的知识经验、认知结构和情意结构来对体育教学进行交融，对教学活动进行吸收、改造、加工，使自己的知识得到完善和重组。

5. 学生主体性发挥需要具备的条件

在体育教学中，学生主体性地位的重要性已经显而易见，要充分发挥学生的主体性作用，需要具备以下条件。

（1）教师的教授目标与学生的学习目标相协调

在体育教学中，体育教师应首先明确教学的根本目的，即“为什么教”。这要求教师必须深入理解社会对体育教学的期望和需求，以确保教学活动能够与社会需求紧密相连。通过体育教学，教师旨在培养学生的理解能力、学习能力及领悟能力等综合素养，为其全面发展奠定坚实的基础。然而，这仅仅是一个起点。体育教师还需进一步将教授的目标转化为学生学习的目标，使学生明确自己需要理解、学习和领悟的具体内容。

（2）教师和学生共同掌握体育教材

在体育教学过程中，教师和学生共同掌握体育教材，是体现学生主体性、促进教学相长的重要环节。这不仅仅意味着教师要熟悉并掌握教学内容、教学方法和手段，更要求学生也要对所学内容有清晰的认识和理解。

教师需要明确教学的目标和方向，精心设计教学流程，确保学生能够在学习过程中对所学内容的文化体系和技能体系有一个全面的了解。同时，教师还应向学生阐释教材目标与教学目标之间的关系，让学生明白当前所学内容在整个课程体系中的位置和作用。

学生则需要充分了解教材的科学教程，明确教材的重点和难点以及这些内容与自己身心发展之间的联系。这样，学生才能在学习过程中有的放矢，更好地发挥自己的主体性和能动性。

当教师和学生都共同掌握体育教材且对教学内容有深入的理解和认识时，他们才能真正形成教学相长的共同体。教师不再是单纯的知识传授者，而是学生学习的引导者和伙伴；学生也不再是被动的接收者，而是积极参与教学过程的主体。这种共同掌握教材的教学模式，有助于激发学生的学习兴趣和积极性，提高教学效果，促进师生的共同成长和发展。

（3）教学环境应该自由民主

构建一个优良的教学环境，对于体育教学的顺利进行具有不可小觑的促进作用。因此，体育教师应当倾力打造一个自由民主的教学环境，以有效点燃学生的好奇心和探索热情，引领他们主动提出并深入思考各类问题。而自由民主的精髓在于，要充分尊重每一位学生的人格尊严，深入理解他们的学习情况，当他们在学习过程中出现不足和错误时，要给予充分的包容和理解。

（三）体育教师“主导性”与学生“主体性”的关系

在体育教学中，教师和学生作为核心主体，直接参与并共同推动着教学活动的进行，二者间存在着紧密而复杂的联系。以下将从三个维度深入剖析这一关系。

1. 教师“主导性”与学生“主体性”相互依存

体育教学领域长久以来一直关注着教师“主导性”与学生“主体性”这两个核心概念及其相互关系，然而至今尚未形成明确统一的共识。这种认知上的模糊导致了一些误解和偏见，如将教师的“主导性”错误地等同于“管理性”“权威性”乃至“主宰性”，忽视了其在教育过程中的积极引导功能；同时，也有人错误地认为教师的“主导性”与学生的“主体性”相互对立，忽略了二者在教育实践中的互补与共生关系。因此，深入探讨和研究体育教学中教师“主导性”与学生“主体性”的正确关系显得尤为重要。

一般而言，教师的“主导性”可以理解为教师在学生学习过程中所展现出的指导品质和指导力度，即教师对学生学习路径的引领和推动程度。而学生的“主体性”则是指学生在追求学习目标过程中所表现出的目标清晰度和学习动力的强弱，即学生朝向学习目标迈进时的自觉性和主动性。这两者通过“学习过程”这一纽带紧密相连。从另一视角看，教师的“主导性”主要体现在对“学习过程”的精确把控，而学生的“主体性”则体现在他们在“学习过程”中的积极参与和主动探索。显然，两者都与学习过程息息相关，只是侧重点不同。因此，可以将它们视为同一学习活动的两个相互依存的方面。教师的有效指导旨在激发学生的“主体性”，使他们更轻松地吸收和掌握知识；而学生在教师的引导下，更加积极主动地投入学习，形成“导”与“学”的良性互动。在体育教学中，这两者是统一的，共同推动着教学目标的实现和教学效果的提升。

在教学实践中，“正确的导”与“积极的学”相辅相成、密不可分，是构建高效、和谐课堂的基石。只有当学生的学习兴趣和积极性得到充分激发，并与教师的正确引导相结合时，才能取得理想的教学效果。若缺乏其中任何一方，教学活动都将难以顺利进行，更无法实现预期的教学效果。若学生积极性高涨却缺乏教师的正确引导，课堂可能会陷入混乱；反之，若教师指导得当但学生缺乏积极性，这样的课堂则形同虚设。

总而言之，在高校体育教学中，教师的“主导性”与学生的“主体性”相互依存、相互促进。教师的“主导性”不仅体现在明确教学目标上，还体现在深入了解学生的学习动机、兴趣和学习步骤等方面；同时，教师还需根据既定目标和学习动机的关系来精心设计教学内容和教学过程，以有效激发学生的动机和学习积极性。师生之间的默契配合能够更快、更好地实现教学目标。学生学得越好，其“主体性”地位就越突出；同时，这也反映了教师对学生的深入了解和对教材理解的透彻程度，间接体现了教师强大的“主导性”。由此可见，在体育教学中，教师的“主导性”和学生的“主体性”是相辅相成的统一体。

2. 强化和优化教师“主导性”以激发学生“主体性”

在现代体育教学实践中，教师的“主导性”与学生的“主体性”是构成教学活动不可或缺的两个核心要素。需要强调的是，教师的“主导性”并非主观臆断、生硬刻板或独断专行。

高校体育教学改革的推进并非全盘否定现有内容，而应不断完善和优化。首先，应从体育教学的主体入手，深入研究和探索教师“主导性”与学生“主体性”及其相互关系，明确二者各自的职责、工作内容和学习内容。通过不断强化和优化教师的“主导性”，来充分调动学生的“主体性”，使学生在愉悦的氛围中积极进取，从而更好地实现教育目的和教学目标。

二、高校体育教学中与教学主体相关的改革策略

（一）高校体育教学中与教师相关的改革策略

针对高校体育教师在发展过程中所面临的问题，结合未来教育的发展趋势，我们归纳出以下几个关键的改革策略。

1. 树立教师专业化的教职观念

在21世纪这个信息化、专业化迅猛发展的时代，教师的职业角色日益明确，这对教师的专业化水平提出了更高的要求。当前，社会分工的精细化是社会发展的显著特征，而专业化则是各行业追求卓越、增强竞争力的核心。国际上普遍认可的成熟专业标准包括专业智能、专业道德、专业训练、专业发展、专业自主及专业组织六大维度。对照这些标准，我国高校体育教师在推进教育教学专业化的过程中，仍需在多个层面加大改革的力度。

（1）优化教师教育的课程体系

课程体系优化的重点在于，从以往强调学科专业性转向追求综合性与教育

专业性的双重目标，旨在培养具备“一专多能”全面素质的人才。为此，需适当提高综合性课程在课程体系中的比例和学时，同时注重课程形式的多样化和灵活性。

（2）完善教师资格证书制度

我国教育领域的法律法规均明确规定了教师资格制度，为教师资格证书制度的实施提供了坚实的法律保障。然而，在实际操作中，教师资格证书制度逐渐趋近于“学历证书制”，这在一定程度上削弱了教师的专业性，使得教师资格制度未能充分发挥其选拔和认证功能。

因此，为进一步树立教师的职业观念，应严格执行教师资格证书制度，确保先获取资格证书后上岗执教。同时，教师职业应向非师范院校毕业生和社会人士开放，使他们通过教师资格认证考试获得教师资格证书，充实教师队伍。

2. 深刻认识教学创新的重要意义

体育教师作为体育教学的直接参与者和指导者，必须深刻认识教学创新的重要意义。体育教师应摒弃传统的教学观念，认识到教学发展需要不断创新这一本质问题。他们应具备识别创新特质的能力，领悟创新的条件，正确理解教学创新的内涵，以便在实际教学中实施真正的教学创新行为。

3. 设计切实可行的个人专业发展目标

首先，深入学习和研究马克思列宁主义、毛泽东思想、邓小平理论、“三个代表”重要思想、科学发展观、习近平新时代中国特色社会主义思想，并以此为指导思想，结合个人实际情况，设计切实可行的个人专业发展目标。

其次，提升学生的积极性和主动性。通过积极参与各类教改活动，提升自身的专业能力，树立能力为先的理念，努力成为学科带头人。

最后，将热爱专业、热爱锻炼、热爱学习的理念视为个人专业成长的关键因素，树立并深化终身学习的意识，不断追求知识与技能的更新和提升。

4. 建立并强化意识形态，提升体育教师专业素养

（1）增强团结协作意识

体育教师的师德修养是其综合素养的重要组成部分，会对学生产生深远的影响。因此，应积极引导体育教师树立大局观念，紧密围绕教育发展的核心任务。同时，应提升体育教师的主人翁意识，激发他们团结协作的精神，使他们全身心投入教育事业。此外，还应以学校教育的内涵建设和改革发展为出发点，深入思考新形势下合格体育教师所需具备的职业能力与素养。通过全面分析，发现体育

教师在师德修养方面存在的问题和不足，并制定有针对性的改进措施，提升他们的素养，使他们更好地履行教育职责。

（2）树立质量为本的意识

教学质量直接决定教学的最终效果，因此树立质量为本的意识至关重要。

首先，应将体育实践融入日常教学中。通过不断尝试和实践改革，在教学方法和形式上进行持续探索和创新，使学生熟练掌握各项技术，确保体育活动的安全性。

其次，应采用多种演练形式，帮助学生积累理论知识、拓宽视野。在此基础上，将新知识和理论应用于实践教学中，使学生将理论与实践紧密结合，巩固知识、提升技能。

（3）强化科研意识

科研意识是影响高校体育教师参与科研活动积极性的重要因素之一。因此，强化科研意识在很大程度上有助于提升体育教师的科研能力。

首先，体育教师应根据自身实际情况，积极提升科研意识，并持续深化和拓展教科研工作。通过不断学习和探索，提高自己在体育领域的专业素养和研究能力，推动学校体育事业的发展。

其次，应引导体育教师积极参与多样化的教学探索活动，如体育项目拓展、体育赛事观摩研讨、体育课程教改展示等，将体育科研与教学工作紧密结合，不断提升教学质量和效果。

最后，应将体育科研成绩纳入综合考核机制，并制定科学合理的考核评价标准。这些标准将全面考量体育教师在科研领域的业绩和贡献，确保评价过程公正客观。

（二）高校体育教学中与学生相关的改革策略

随着教育改革的不断深入和体育教育日益受到重视，高校体育教学也面临着新的挑战和机遇。从学生角度出发，高校体育教学中学生的改革显得尤为重要，而学校、教师等作为改革的主要推动者和实施者，承担着重要的责任，在此主要从学校、教师、教学角度探讨高校体育教学中与学生相关的改革策略。

1. 贯彻落实体育素质教育

当代时代倡导素质教育，素质教育也是高校体育教学的落脚点。所以，要充分贯彻落实素质教育，这是新时代的学校教育事业培养全面发展的高等教育一流人才的基本要求。

2. 更新体育教学思想观念

教育的根本在于促进学生发展。对此，相关学者在长期研究中提出了诸多新理念和新观念，这些新理念和新观念对于体育教学具有重要的启发和指导意义。

受到政治、经济等因素的影响，我国传统体育教学强调为国家和社会的发展而服务，而忽视了学生的个性养成。这种体育教学思想观念已不适应当代体育教育事业发展的要求，要及时更新。

例如，“以教师为中心”的教学思想导致学生的学习一直处于被动状态，整个体育教学过程和模式非常僵化，学生的主体性未能被充分激发，学习积极性不高，体育教学效果不理想。

在转变旧的、落后的教学思想的同时，也要注意引入创新的、先进的教学思想，并积极落实。

3. 注重培育学生的体育素养

体育教学应当与素质教育的目标相契合，始终围绕学生的需求展开。在传统的体育教学模式中，竞技体育项目处于主导地位，以专项运动项目为核心。然而，在新的教学改革浪潮下，健康第一、以人为本、终身体育等先进的体育教学思想逐渐崭露头角，并成为学校体育教学的主要内容。培育学生的体育素养，是我国体育教学肩负的重要使命。因此，在新的教学指导思想和理念引领下，高校体育教学需从根本上着手，全面提升学生的体育素养。这不仅要求关注学生体育知识的增长和体育技能的提升，还要重视发展他们的柔韧性、协调性等身体素质。同时，通过体育教学这一平台，促进学生的智能、社交能力、情商及社会适应力等方面全面均衡发展。

4. 践行科学的体育教学思想

当前，“以人为本”“健康第一”“终身体育”已成为我国体育教学中的核心思想。在这些全新教学思想的指导下，体育教学更加关注学生的健康与全面发展。为了摒弃传统的强调竞争的思想观念，全面贯彻“以人为本”“健康第一”“终身体育”的指导思想，体育教师在教学实践中应做到以下几点。

首先，要以学生为中心，从满足学生的实际需求出发，进行体育教学的设计和组织管理。

其次，所选的教学内容应旨在培养学生的综合素质，以终身体育思想为教学背景。

最后，要调整教学方式方法，鼓励学生自主练习、勇于创新，从而激发他们的体育学习热情。

5. 深化教学改革，消除体育教学弊端

在高校体育教学中，消除弊端对于学生的发展具有至关重要的意义。

首先，要不断充实体育教学内容体系。具体而言，体育教师在设计教学内容时，应融入一些新兴且广受欢迎的运动项目。这样既能提高学生的兴趣，增强他们的主动性，又能推动新兴项目在校园内的普及。从长远来看，这对全民健身计划的推进具有积极意义。

其次，要优化体育教学方法和教学手段。在教学实践过程中，虽然传统体育教学方法具有一定的优点，但与新的教学方法和教学手段相比，其教学效果仍存在一定的差距。因此，体育教师应积极寻找并利用新的教学方法与教学手段，以生动、直观的方式展示体育教学内容，帮助学生准确、快速地掌握体育知识和技能。

6. 营造和谐的体育教学环境

良好的体育教学环境是开展教学活动的基础,也是实现教学创新的重要方面。一方面，各高校应持续加大对体育教学的投入力度，改善学校的体育教学环境，增加体育教学场地、设施和器材等。这对提升学生的学习效果和体育教学质量具有重要作用。另一方面，各高校还应不断丰富和优化体育教学的人文环境。具体而言，就是营造良好的校园体育文化氛围，让学生在潜移默化中受到感染和熏陶，自然而然地参与学校组织的各项体育活动，并养成长期参加体育活动、自觉锻炼的习惯。

7. 完善体育教学评价体系

科学的教学评价对体育教学具有导向作用。所谓科学的教学评价，是指既重视过程又重视结果的评价。

在以学生为主体的体育教学中，教学评价应秉承“以人为本”的原则。具体而言，评价者应端正态度，充分关注学生的进步和闪光点，避免片面评价。在体育教学中，教师对学生的全面、科学评价应做到以下几点。

（1）评价内容应广泛化

体育学习需要投入精力、时间、态度等多方面因素，因此评价时应考虑学生的学习态度、学习进度、学习成果等多种因素，应进行全面评价，避免以偏概全。

（2）评价方法应多样化

只使用一种教学评价方法，难以全面科学地展示和评价学生的多方面表现与进步。因此，评价方法应尽量多样化。

（3）评价主体应多元化

为确保评价的全面性和客观性，在教师评价的同时，还应重视学生互评、自评以及其他评价主体的评价。

8. 突出学生的主体地位

传统的体育教学模式往往过于强调教师的主导作用，导致学生的主体地位未能得到充分展现。在这种模式下，学生的自主学习空间有限。为了改变这一现状，我们需要打破传统的教学框架，为学生创造更加宽松和自由的学习环境。具体而言，应给予学生更多的学习时间和空间，鼓励他们在体育实践训练中积极发现、主动思考，并尝试掌握体育知识的内在规律。同时，教师的角色也应从单纯的知识传授者转变为学生的引导者，通过必要的指导和点拨，拓展学生的思路，激发他们的创新思维。通过这样的教学改革，我们可以逐步引导学生养成独立思考、自主解决问题的良好习惯。

9. 培养学生的创新素质

（1）着重于学生创新思维的培育与提升

①强化求异思维锻炼，塑造学生的发散思维。加强求异思维的锻炼，实质上就是对学生发散思维的深度强化，从而转变学生的思维方式，这对学生创新思维的培育具有积极的推动作用。在体育教学的实施过程中，依据教学内容设计的各类游戏，在激发学生发散思维方面展现出显著成效。

②注重左右脑功能的同步开发，培育学生的创新思维。每个人的大脑发育状况都是独一无二的，而人体左右脑的发育状况直接影响了每个人的创造力水平。当人体左右脑能够实现均衡发育、相互协同时，便会形成强大的创造力。然而，在实际的体育教学中，能够同步开发学生左右脑的教学方案并不多见。无论是课堂教学模式还是教育手段，都较为偏重言语思维和抽象思维（由左脑负责），这不利于非言语思维以及形象思维（由右脑负责）的训练，也制约了学生创新思维的培育。因此，体育教师在设计教学活动时，必须注重左右脑功能的同步开发与锻炼。

（2）积极引领与挖掘学生的创新潜能

培养学生的创新思维和创新能力，并非任由学生随意发挥，而是要充分发挥教师的引导作用，积极引导学生创新发展的正确路径，并科学指导学生解决发展过程中遇到的问题。基于现有的体育活动，加强对学生创新意识的引导与启发，客观评价学生的创新行为，积极鼓励学生进行创新尝试，从而最大限度地激发学生的创新潜能，并促使学生将创新理念付诸实践。

（3）运用新颖的教学方法培育学生的创新能力

①自主学习法。在培育学生创新能力的道路上，自主学习扮演着举足轻重的角色，是不可或缺的重要因素。因此，体育教师在规划教学活动时，应当赋予学生一定的自主权和自由度，确保学生的主体地位得到充分彰显。通过这样的安排，学生能够在更加宽松自由的环境中释放潜能，提升自我能力，从而进一步推动创新能力的培养与发展。

②小组合作学习法。在高校体育教学的实施过程中运用这一教学方法，能够充分展现学生的主观能动性。在体育教学过程中开展小组合作学习活动，不仅能够促进学生团队协作能力的提升，还能够促进各小组之间进行沟通、相互借鉴经验，这在一定程度上有助于激发学生自主学习和创新能力的发展。

第二节 高校体育教学管理的改革

一、体育教学管理的基本理论

（一）体育教学管理的概念

体育教学管理是一项极为复杂的工作，它涉及拥有一定管理权力的组织和个人对体育教学活动中的人力、财力、物力、信息及时间等多方面资源进行的全面综合管理。这项工作的核心内容包括管理、监督、组织、协调及规划等多个环节，每一个环节都至关重要、不容忽视。

体育教学管理是一个庞大的系统，其中各个子系统均与体育管理的总体目标保持高度一致。在体育教学管理的过程中，各个子系统之间相互作用、相互制约，共同推动体育教学管理总体目标的顺利实现。

体育教学管理活动呈现出明显的周期性特征，通常可划分为以下三个关键阶段。

第一阶段：规划阶段。此阶段标志着体育教学管理活动的正式启动。其主要工作内容包括深入分析和预测教学管理过程中可能遇到的问题，明确体育教学管理的具体目标，并据此制订相应的决策方案。

第二阶段：执行阶段。作为体育教学管理活动的核心环节，此阶段的工作重心在于教学管理的组织安排、指导引导、协调沟通、检查评估及监督管理。

第三阶段：总结阶段。此阶段标志着体育教学管理活动的圆满结束。其主要工作内容涵盖对体育教学管理活动进行对比分析、总结归纳及评价反馈等。

这三个阶段共同构成了体育教学管理的一个完整周期，对于高校体育教学管理活动的顺利开展具有举足轻重的意义，任何一个阶段的工作都不可忽视。

（二）体育教学管理的内容

1. 教学目的与教学任务管理

在体育教学管理中，教学目的与教学任务管理属于一项重要的内容。这一项管理的主要目的是进一步对教学目的与任务进行明确，以期围绕目的与任务来开展体育教学，尽快完成教学任务，实现教学目标。只有先确定教学目的与任务，体育教师才可以明确教学方向，有针对性地开展教学活动，确保体育教学活动顺利进行。

2. 教学容量及难度管理

在具体的体育教学中，体育教师还要按照具体的教学实际确定合适的教学容量与难度，这样有利于顺利开展体育教学活动。如今，虽然有些体育实践课容量小，但存在一定的难度，超出学生的身心承受能力，而且安排男生与女生一起上体育课，没有对他们的身心发展差异加以考虑。另外，还有一些体育实践课容量大，缺乏必要的难度，表面看起来课堂氛围很好，学生参与的积极性也很强，但简单又机械的内容不足以提高学生的体育技能水平。可见，倘若体育教学容量与难度安排得不合理就会影响体育教学活动的顺利开展，不利于理想教学效果的获取。

3. 教学时间管理

一堂体育实践课程，通常涵盖准备阶段、核心环节和整理阶段这三大板块，每一板块都至关重要，体育教师务必依据教学实际情况进行科学合理的配置。倘若安排得恰到好处，便能增强体育课堂教学的实效性，保持课堂教学的良好节奏，促使学生逐步掌握重点知识内容。

在具体的体育教学活动中，体育教师需要精确把控教学时长，确保在有限的教学时间内合理规划并丰富教学内容。这种对体育课堂时间进行细致划分与妥善安排的精细化管理方式，正是有效教学理念的生动实践。它有助于体育教师充分珍惜并利用宝贵的课堂时间，提高教学效率，从而更加高效地完成教学任务，达成预定的教学目标。

4. 教学方法与手段管理

在体育教学中，教学方法与手段的优劣对教学质量具有显著影响。通过精心选择和灵活运用合适的教学方法与手段，往往能够更有效地获得理想的教学效果。因此，对体育教学方法与手段的管理是体育教学管理中不可或缺的关键环节，它对于提升整体教学质量和促进学生全面发展具有重要意义。

在体育教学管理中，体育教师要深刻体会“教学有法、教无定法、重在得法、贵在活用”的含义，并可以对新的教学方法进行积极探索与学习，加强对传统教学方法的改革与创新。为了进一步加强对体育教学方法与手段的管理，并深入挖掘更多先进且高效的体育教学策略，学校应积极组织多样化的研讨会。这些研讨会旨在促进体育教师与科研工作者之间的深入交流与互动，共同探索创新性的教学方法与手段。

5. 教学效果管理

教学效果管理在体育教学管理体系中居于举足轻重的地位，务必予以高度重视。体育课程的教学效果最直观地反映在学生的考试成绩上，尤其是技能考核的成绩，这些成绩是衡量教学效果的重要指标。在体育课堂教学的实践中，教师的教学活动与学生的学习活动均围绕着实现教学目标、提升教学效果这一核心展开。因此，体育教师需要在教学内容的规划、教学方法的选取、教学模式的构建以及教学评价的实施等方面持续进行优化与创新。这些工作的开展应充分考量学生的身心特征与实际需要，以学生全面发展为出发点和落脚点，精心组织形式多样、内容丰富的教学活动，进而全面提升体育教学的整体效果与质量。

体育教学管理本身是一个庞大的系统，该系统内各个要素的管理都至关重要，它们直接关系到体育教学活动能否顺利进行，因此必须给予高度关注。

（三）体育教学管理的特点

1. 教育性

随着素质教育改革的不断深化与持续推进，体育教学在学校教育体系中的位置愈发重要，成为提升学生体质健康状况和综合素质的关键环节。因此，体育教学管理也逐渐显现出其独特的教育性特质。在教学管理的具体实践中，教育者应始终秉持“以人为本”的核心理念，充分尊重学生的主体地位，关注学生的个性化差异，致力于推动学生各项素质的全面均衡发展。

体育教学管理与教育性紧密相连。我国体育教育教学的根本目标是“以人为本”。因此，体育教学管理也应凸显“育人”的特色，在育人的基础上激发管理者的积极性和创造性，从而为提升教学效益奠定坚实基础。

2. 阶段性

在体育教学过程中，学生的年龄阶段、个性特征及各教学阶段的独特性都会对体育教学管理产生不同程度的影响。因此，在管理过程中应紧密结合不同的教学阶段，有针对性地开展相应的阶段性体育教学管理工作。这是现代体育教学管理的一个显著特性，即鲜明的阶段性。然而，值得注意的是，尽管体育教学管理呈现出阶段性的特点，但各阶段之间又相互衔接、连贯不断。因此，在体育教学管理中，需要稳步前行、循序渐进地推进各项工作，切勿急于求成，以确保教学管理的连贯性和实效性。

3. 方向性

体育教学管理的方向性体现在以科学理论为指引，并贯穿于整个管理过程的始终。具体而言，在体育教学管理过程中，必须全面贯彻落实党的教育方针，紧密围绕学校教育的总体目标来开展各项工作。只有确保体育教学管理始终沿着正确的方向迈进，才能确保其顺利推进并取得显著成效。

（四）体育教学管理的方法

1. 行政方法

行政方法是指依靠各级管理机构和领导者，通过运用行政手段，按照行政系统的规范来进行管理活动的一种方法。它主要采用命令、指示、规定、指令性计划以及职责条例等行政手段，对各子系统进行有效的调节与控制。一般来说，行政方法具备以下几个基本特征。

（1）强制性

行政方法具有显著的强制性。这是因为它通过各种行政指令来对管理对象进行指挥和控制，这些指令是上级组织行使权力的象征，下级必须无条件地贯彻执行。需要特别强调的是，这里的强制是指“必须执行，不得违背”的意思，它与官僚主义的强迫命令有着本质的区别。行政方法要求人们在思想上和行动上都要服从统一意志，强调在原则上的高度统一。

（2）权威性

在高校体育教学管理系统中，上级的指令具有一定的权威性，权威在体育管理中起着至关重要的作用。这是因为，在实际工作中，上级组织所发出指令的接受程度，在很大程度上取决于管理者的权威性。因此，在体育管理机构中，应强化职责、资历、权力与利益的有机统一，努力提高各级管理组织和管理者的权威性，这是实施行政方法的重要前提条件。

（3）纵向性

高校体育教学管理行政方法具有纵向性的特征，即行政命令的传达和执行通常是通过垂直纵向的层级逐层进行的。在一个管理系统内部，下级只服从其直接上级，下一层次只听从上一层次的指挥。对于横向传来的命令、规定等，基本上可以不予理会。也就是说，行政方法强调纵向的自上而下的管理方式，反对通过横向传达命令。然而，在复杂的管理系统中，横向管理也是必不可少的，这需要各组织和部门之间充分沟通和协调，只有这样，才能确保高校体育教学管理目标的顺利实现。

（4）稳定性

行政管理系统以其严密的组织架构、统一的目标导向、一致的行动步调及强有力的调控机制，对外部干扰因素展现出较强的抵御能力。因此，在体育管理过程中，行政方法表现出一定的稳定性。但值得注意的是，这种稳定性是相对而言的。

在运用行政方法进行高校体育教学管理实践时，管理者应确保上下级关系明确清晰。上级对下级发布的命令、指令或指令性计划等，必须紧密贴合本部门的实际情况和管理活动的内在规律。同时，上级领导需具备良好的领导素养、较高的理论政策水平和较强的组织管理能力，以确保行政方法的有效实施。

2. 经济方法

经济方法是指体育管理者依据客观经济规律的要求，通过灵活运用经济手段，对各种不同经济主体之间的利益关系进行调节，以达到管理目标的一种方法。

在高校体育教学管理实践中，宏观经济手段如价格、税收、信贷等较少被采用，而工资、奖金、罚款等微观经济手段则较为常用。

实践表明，正确运用经济方法能够有效加速高校体育教学目标的实现。管理者在运用经济手段时，应准确把握以下几个基本特征。

（1）间接性

经济方法对集体与个人行为的控制和干预是通过对各方面经济利益的调节来

进行的，它不能直接改变人的行为。在具体的工作中，如物质奖励等经济方法的运用等，能在一定程度上引导、激励人们的价值取向和行为，调动人员的工作积极性、提高人员的工作效率。

（2）有偿性

经济方法具有显著的有偿性特点。一方面，它强调组织间经济交往应遵循等价交换原则，实行有偿交易，如运动员的委托培养、科研成果的转让、体育场地的使用等均需遵循此原则；另一方面，在个体管理上，它着重强调劳动成果与所获报酬之间的对应关系。因此，在高校体育教学管理工作中，经济方法需与其他管理手段相结合使用，不能仅仅局限于与员工的有偿交换，还应重视对员工的思想引导，激励高校体育教学工作者能够自发、积极地投身于教学（管理）工作之中。

（3）关联性

经济方法本身具有较大的变动性，且涉及众多因素，容易引发体育系统内部多方面的连锁反应。以不同层次体育竞赛中运动员、教练员的奖励问题及体育场馆的承包机制为例，均可见其关联性。因此，在运用经济方法时，应充分考虑管理对象的特殊性，并做好经济方法应用的预测工作，以确保在高校体育教学管理中能够正确、恰当地运用。

在高校体育教学管理中，经济方法的正确、适当、科学、合理运用，能够有效提升各层次教学训练投资的经济效益。教学训练管理中经济方法的运用，与调动各级组织的积极性、提高教学训练工作效率之间存在着直接的关联，同时还涉及人、财、物的全面统筹与安排。

3. 目标管理法

目标管理法是依据高校体育工作的规划和计划，科学设定阶段性工作目标，并通过实施与检查来有效达成这些目标的管理方法。在当前发展阶段，为有力推动高校体育的全面发展，广泛采用目标管理法显得尤为重要。此方法在体育教学、课余运动训练及课外体育锻炼等方面均得到了广泛应用，为高校体育工作质量和效果的提升提供了坚实支撑。

4. 宣传教育法

宣传教育法，即引导人们围绕共同目标主动采取行动的方法，其客观基础在于人们对思想活动发展规律的正确认知。此方法能有效激发管理人员、教练员及教师的工作积极性，是高校体育教学管理工作顺利开展的重要基石。

宣传和教育是管理方法实施及管理决策制定过程中不可或缺的环节。相较于其他管理方法，宣传教育法具有其独特之处，具体体现在以下四点。

（1）先行性

通过宣传教育，被管理者能充分了解管理方法和决策，并思考如何与之配合行动。在高校体育教学管理中，决策实施前的宣传教育工作能有效预防被管理者可能出现的各种反应，既增强了正面效应，又抑制了不良效应。

（2）滞后性

滞后性与先行性是相对而言的。在高校体育教学管理实践中，思想教育工作往往在事情发生后进行，因为人们的认识和思考需要一定的时间。宣传教育法的滞后性要求管理者必须从实际出发，科学、准确地分析已发生的问题，以理服人，纠正被管理者的错误认识，进而促使其改正不当行为。

（3）疏导性

与行政方法的强制性特点不同，宣传教育法主要通过教化和引导来发挥作用。在教学管理中，对于思想问题采取回避或压制的态度是不可取的，这种做法不仅无法解决问题，反而可能激化矛盾，导致情况恶化。

因此，我们应当遵循疏导性原则，因势利导，用真挚的情感和合理的道理去感化、引导人们。通过充分发挥宣传教育法的疏导性，我们才能够达到教育的目的，促进教学管理的顺利进行，营造和谐的教学环境。

（4）灵活性

宣传教育工作涉及的主体和对象均为人，因此宣传教育法的运用需充分考虑人的差异性和多变性。在体育管理过程中，由于管理时期和管理对象的不同，宣传教育对象的思想基础、性格类型、价值观念以及需求等方面会存在显著差异。这就要求宣传教育工作必须遵循灵活性原则，根据不同时期、不同对象的具体情况，合理调整宣传教育的内容、重点、形式及手段，灵活对待和处理各种情况，确保宣传教育工作能够贴近实际、贴近群众，得到预期的教育效果。

5. 评估与奖惩法

在高校体育管理中，评估与奖惩法是一种重要的管理手段。它对高校体育工作目标的完成程度进行持续监督和控制，并根据完成情况采取相应的奖励或惩罚措施，具体内容涵盖以下几方面。

①表彰与奖励：对于在高校体育工作中表现突出、工作完成较好的集体和个人，给予肯定和表扬。通过表彰他们的优秀表现，激励其他工作者向先进学习，形成良好的工作氛围。

②批评与惩罚：对于在高校体育工作中未能完成工作任务的集体和个人，进行批评教育或惩罚处理。通过及时的批评和惩罚，促使他们认识到自身的不足，督促其改进工作，提高工作效率。

③目的与意义：采用评估与奖惩法的主要目的是激励和示范高校体育管理工作者，推动他们积极开展体育工作。通过奖惩分明的制度，激发高校体育管理工作者的积极性和创造力，推动高校体育工作的不断发展，提升整体体育工作水平。

（五）体育教学管理的原理

在体育教学管理的过程中，为确保管理活动的有效性，体育教学管理者需要学习和掌握教学管理的一些基本原理，主要包括人本原理、责任原理、系统原理、竞争原理、动态原理、效益原理。

1. 人本原理

人的因素是推动事物发展的关键力量，这一观点在体育教学管理中同样适用。为了实现体育教学管理的最佳效益，必须坚持人本原理，即以人为核心，积极调动每个人的积极性与主动性。人本原理强调在体育教学管理过程中，应充分激发师生参与各类体育活动的兴趣和动力，确保他们的主体地位得到充分尊重与发挥。简而言之，人本原理就是要求我们在进行体育教学管理时，始终围绕人的需求和特点来开展活动，使人成为推动体育教学发展的核心动力。

2. 责任原理

责任原理强调，为实现组织目标和激发人的潜能，应以合理分工为基石，明确界定各部门及个人的工作任务以及与之相匹配的责任。

在学校体育教学管理中，责任原理要求管理者遵循职责明确、授权合理、奖惩分明和管理规范的原则，具体内容如下。

（1）职责明确

体育管理作为一项复杂的系统工程，任务繁重、环节众多、工作琐碎。若缺乏明确的分工，工作将无法有序进行；分工不清，必将导致工作混乱。然而，分工仅从形式上划定了工作范围，并未充分反映工作对数量、质量、完成时间和效益的具体要求。职责则是在分工的基础上，对这些方面设定了严格的行为规范。分工并不等同于职责，但职责的明确必须建立在合理的分工之上。

（2）授权合理

在明确职责后，需进行相应的权力授予。管理者被授予的权力包括人权、物权、财权等。若不进行合理授权，个人将难以完成所承担的职责。对工作全面负责，不仅依赖于合理授权，还需承担一定的风险。同时，在职位设计和权力授予过程中，应确保个人职责与其能力相匹配，这样才能实现人尽其责、物尽其用。

（3）奖惩分明

在学校体育教学管理中，应采用奖惩机制，并确保奖惩分明。通过奖励优秀、惩罚劣迹，可以引导个人行为向积极的方向发展。同时，奖惩必须公开、公正、及时，否则将失去其应有的作用和意义。

（4）管理规范

管理规范是确保学校体育教学管理工作顺利进行的保障。具体而言，应建立岗位责任制、绩效考核制、奖惩制度等，形成一个环环相扣、相互配合的管理制度体系，以确保责任原理的有效实施。

3. 系统原理

体育教学管理系统是一个繁复而精细的架构，它包含众多紧密相连的组成要素。这些要素在系统中各自担当着独特的角色，通过密切的相互协作，共同促进教学管理活动的有序进行。系统功能的充分展现，依赖于各要素间的协同一致，它们依据特定的结构相互联结，并按照系统总体目标的导向，进行灵活的组合与配置，进而驱使整个系统不断趋于完善与发展。系统运行的基本原理和运作机制正是基于这些要素间的相互联系和协同效能。通过科学合理地运用这一系统原理，能够更有效地优化体育教学管理的流程，提升管理效率，确保教学目标的圆满达成。

遵循系统原理，我们可以明确体育教学管理活动应遵循的基本原则，以此作为指引，保障体育教学活动的顺利进行。具体而言，体育教师在开展各类体育教学活动时，应当遵循以下几个核心原则。

（1）整、分、合原则

整、分、合原则是一种有效的管理策略，它强调将整体任务划分为若干个相对独立的部分，并为每个部分明确具体的分工，以确保分工的合理性和规范性。在体育教学管理活动中，这一原则尤为重要。每位负责特定工作的人员都应具备高度的责任心，致力于出色完成自己的本职工作。通过每个人的共同努力和协同配合，可以确保整个教学管理活动的顺利进行，从而实现整体目标的高效达成。

（2）优化组合原则

体育教学系统是一个复杂且多要素的集合体，体育教师在其中扮演着至关重要的角色。他们需要不断提升优化与组合这些要素的能力，确保系统中的每一个要素都能充分发挥其独特的功能。通过合理的配置和高效的协同，体育教师可以实现预期的体育教学管理效益，推动教学质量的持续提升。

（3）相对封闭原则

在体育教学管理系统中，存在着两大核心关系：首先是系统内部各组成部分的相互作用与相互联系；其次是系统与外部环境之间的互动和影响。为了达到高效的体育教学管理目标，关键在于建立一个连续的、封闭的管理循环，使得各种管理策略和方法能够在一个闭环中运作。这样的闭环系统能够保障管理活动的连续性和一致性，从而提高管理效率。在实际的体育教学管理中，应当充分利用相对封闭原则，确保体育教学管理系统的高效运作，并促进体育教学品质的持续提高。

4. 竞争原理

竞争机制是自然界和社会发展普遍遵循的原则之一，它在体育运动领域体现得尤为显著。体育管理的各个层面都不可避免地涉及竞争，这种竞争无时无刻不在发生。竞争带来的压力促使个体不断奋斗和努力。研究表明，竞争能够显著提升个体的工作热情和进取心，挖掘个体潜力，激发创造性思维，帮助个体克服各种挑战。同时，竞争还能为组织注入活力，促进团队内部的团结和增强凝聚力。

5. 动态原理

体育教学管理是一个极为庞大的系统，其中涵盖了诸多关键要素，如人员、资金、物资、时间及信息等。此外，该系统还涉及计划制订、组织构建、控制执行及协调沟通等多个环节。每个环节又包含诸多细致的要素，这些要素都在不断发展和变化。因此，体育教学管理必须紧跟这些变化的步伐，灵活调整和完善自身结构，以适应不断变化的环境和需求。

体育教师在日常工作中必须深入理解和运用动态原理，以指导其教学活动的组织和实施。在实际操作中，教师应适度赋予学生一定的自主权，通过多样化的方法和手段激发学生的主动学习意愿，使他们以饱满的热情和积极的状态参与到体育教学活动中。同时，体育教师还应注重收集教学管理过程中的各类反馈信息。这些信息是评估教学效果、调整教学策略的重要依据。通过认真分析这些反馈信息，教师可以及时发现问题和不足，进而有针对性地调整教学方案和计划，确保体育教学目标的实现。

6. 效益原理

在管理的各个环节及各项工作中，我们均应以提升社会经济效益为核心，科学、节约、高效地利用有限的人力资源、财务资源、物质资源、智力资源、时间及信息等多方面资源，力求创造最大的社会经济效益，这便是效益原理的深刻内涵。在管理体系中，经济效益直接体现了管理效益的成果。对于现代管理体系而言，其根本目标在于创造最优的社会经济效益。效益原理的本质在于，所有管理活动均应以实现效益为最终目标。

体育教学管理作为管理领域的一种具体实践形式，同样遵循效益原理。然而，在教学管理的实践中，其侧重点应有所调整，具体表现如下。

（1）效益的追求

在学校体育教学管理的过程中，对管理效益的追求需特别关注以下几方面：首先，要树立正确的管理效益观念，将提高效益作为核心目标；其次，在追求管理效益时，应着眼于实现长期且稳定的高效益，而非短期的、波动性的效益；再次，应确保局部效益与全局效益的和谐统一，避免片面追求局部利益而损害整体利益；最后，鉴于管理效益受多种因素的影响，因此必须端正管理的主导思想，以全面、系统的视角来审视和管理体育教学工作。

（2）效益的评价

管理效益的评价并非一成不变的，它可依据不同的评价主体和视角而有所差异。采用不同的评价标准和方法，往往会得出截然不同的结论。评价结果的公正性与客观性，直接关乎组织对效益追求的导向与动力，因此，有效的管理首先需要确保对效益的评价尽可能公正、客观。

一般而言，效益的评价方式主要涵盖首长评价、专家评价和群众评价三种。在体育教学管理实践中，当前应用较为普遍的是“首长评价”，即由学校领导对本校的体育教学工作进行权威性的评判。相比之下，专家评价的应用相对较少，而群众评价则更鲜有涉及。

（六）体育教学管理机构的设置

1. 体育教学部

在学校的体育教学管理架构中，体育教学部居于举足轻重的地位。该部门肩负着学校体育管理的专项职责，直接由分管体育工作的校领导指挥。体育教学部不仅是专注于体育事务的核心管理部门，还扮演着体育运动委员会的智囊团角色，负责将体育运动委员会的年度工作计划细化为实际行动并予以落实。因此，体育教学部的建设与管理工作至关重要，必须给予高度重视。

（1）体育教学部领导班子

构建一个结构合理、高效运作的体育教学部领导班子至关重要。在组建过程中，应充分考虑领导班子成员的性别、年龄、知识结构等多元因素，实现科学搭配，以发挥最佳效能。一个高水平的体育教学部领导班子，其核心在于主要负责人需具备崇高的威望和卓越的领导力，其他成员则应各司其职、紧密协作，共同为实现既定目标而携手努力。

教导处或体育卫生处，作为学校体育管理的核心部门，在校长的授权下，全面负责学校的体育工作。其职责包括制订并安排学校的体育教学和课外体育活动时间表，深入研究体育教学改革的各项措施，组织体育教师的专业培训以提升其业务水平以及负责学生的体质测定工作，确保体育教学活动能够有序、高效地进行。

体育教学部领导班子的主要成员包括主任一名，党支部书记一名，副主任则根据实际需要配备。领导班子实行主任负责制，教学部主任作为第一责任人，承担着领导班子的全面管理和决策职责。

体育教学部主任应具备一系列基本素质：首先，要深入学习并准确掌握各级文件精神，具备强烈的政策观念；其次，要坚定不移地执行上级指示，确保政令畅通；接着，要具备调整改革思路、完善工作方法的能力，善于集思广益，针对具体情况制定具体策略；然后，还应保持持续学习的习惯，随时掌握新知识、新技术，提高宏观指导能力；最后，要具备良好的人际交往能力，能够妥善处理各方面人员之间的关系，为体育教学工作的顺利进行提供有力保障。

（2）体育教学部的业务范围

一般而言，体育教学部的业务范围广泛，涵盖课堂教学、训练竞赛及群体活动等多个关键领域。体育教学部的工作人员需清晰界定各自的职责，恪尽职守，精益求精。

①课堂教学。课程教学的组织与实施是体育教学部肩负的重要使命。在课堂教学中，集中教学作为一种常规教学模式，得以广泛应用。此模式旨在使学生接受更加科学、系统的身体教育，并掌握多项体育锻炼技能。总而言之，课堂教学不仅能够提升学生的身心素质，还能有效激发他们对体育活动的浓厚兴趣。

②训练竞赛。在体育教学管理中，训练竞赛的管理占据着举足轻重的地位。这一环节特别为那些具备体育特长的学生量身打造。学生在训练竞赛中奋力拼搏，取得优异成绩，不仅能为学校赢得良好的声誉，还能以此激励更多普通学生积极投身体育锻炼，最终促进全体学生的身心健康，推动全民健身目标实现。

③群体活动。群体活动的管理同样是体育教学部不可或缺的重要职责。群体活动涵盖早操、课间操及课外体育活动等方面。对于学生而言，长时间思考问题容易导致大脑疲劳，而群体活动的合理安排及脑力与体力活动的巧妙结合，则能有效缓解这种疲劳。通过参与群体活动，学生不仅能有效释放压力，还能在欢乐的氛围中促进身心的全面发展，为未来的学习与生活奠定坚实的基础。

2. 学生体育部

学生体育部作为体育教学管理的重要机构，其建立为体育教学管理活动的顺畅进行提供了坚实保障。学生体育部的工作应受学生工作处和学生会的领导，并接受体育教学部的专业指导。其核心职责在于协助体育教学部完成学校的各项体育任务，同时在体育教学部的引领下，开展丰富多样的课外活动，以充实学生的精神文化生活。

（1）学生体育部成员的结构

学生体育部的成员构成并非一成不变的，而是随着时间的推移呈现出动态变化的特点。每年随着换届选举的进行，新一届学生体育部成员将接过接力棒。在这一过程中，需综合考虑多重因素，如本校学生的特性、体育工作的连续性、学生工作处的实际需求以及体育教学部的工作要求等。为确保选出最适宜的新一届成员，学生工作处与体育教学部有必要就学生体育部的成员构成进行充分沟通与协商。

（2）学生体育干部的工作

学生体育干部体系通常划分为四个层次：学生会体育部干部、院系学生会体育部干部、年级体育干事及班级体育委员。他们各自承担着不同的工作职责，可以细化为以下几方面。

首先，学生体育干部的核心任务在于指导、督促并协调各院系学生体育部的工作。作为各院系体育活动的引领者，他们需确保本院系体育部在校学生体育部的指导下，能够顺利开展各项体育活动。这既包括参与本院系自主组织的体育赛事、学校统一安排的体育活动，也包括参与院系间形式多样的体育交流互动活动。当院系体育活动频繁举行时，校学生会体育部更应主动与体育教学部紧密合作，共同确保各项工作的顺利进行。

其次，协助体育教学部完成各项体育工作，是学生会体育部不可或缺的重要职责。围绕学校体育课程的教学目标，学生会体育部应与体育教学部保持密切沟通与合作，成为体育教师最可靠的得力助手。通过双方的共同努力，有效推动学校体育工作的全面发展。

最后，组织、管理好学生体育协会。组织与管理学生体育协会是学生体育部不可或缺的重要工作内容。为了充分满足学生的多元化体育需求，学生会体育部可以积极成立各种单项体育运动协会或俱乐部，依托学生的兴趣爱好，开展形式多样、内容丰富的体育活动。

学生体育协会是在体育教学部的业务指导下，由学生自主管理、自我发展的组织机构。协会的运行离不开体育教学部提供的场地和部分器材支持。长年以来，学生体育协会应始终保持活跃的状态，不仅通过日常活动促进了校际的体育交流，还成为学校组织竞赛活动时的得力助手。

当学校需要举办相关体育竞赛时，学生体育协会便成为主力军，协会成员全程参与竞赛活动的筹备与实施。而在遇到对外大型竞赛活动时，单项体育运动协会的成员更能凭借其出色的表现，成为校代表队队员的重要来源。综上所述，学生体育部门在管理学生体育协会方面扮演着至关重要的角色，这不仅是其核心职责所在，也是推动校园体育文化蓬勃发展的重要力量。

3. 学生体育协会

学生体育协会为广大体育爱好者提供了一个展示自我、挥洒激情的广阔舞台。通过这一组织，体育技术与技能得以有效传授，体育文化也得以广泛传播。体育爱好者在协会中的活跃表现，不仅激发了他们自身的潜能，还对周围的学生产生了积极的影响。这种影响逐渐渗透，培养并提高了广大学生的体育兴趣与爱好，极大地激发了他们主动参与体育锻炼的积极性。长此以往，这将有助于学生形成终身体育的意识和习惯，为他们的全面发展奠定坚实的基础。

（1）学生体育协会的组织形式

学生体育协会通常由多个单项体育运动协会构成，形成了一个多元化、层次化的组织结构。为了更好地协调和管理这些单项体育运动协会，可以设立学生体育协会总会，其职能由学生会体育部来承担。总会内部设有会长一名，负责全面领导协会工作；副会长若干名，协助会长处理日常事务。此外，总会还下设活动部、宣传部、外联部、培训部等多个部门，各司其职，共同协调推进各单项体育运动协会的工作。

单项体育运动协会的成立并非一蹴而就的，而是基于学生的兴趣和群众基础，遵循“成熟一个，发展一个，办好一个”的原则逐步建立起来的。每个协会都需要制定完善的章程，以确保协会活动的顺利进行和会员权益的充分保障。同时，学生参加协会完全出于自愿，可以根据自己的兴趣和爱好自由选择加入，这种自由开放的加入机制极大地激发了学生的参与热情。

（2）学生体育协会的活动形式

学生体育协会的活动形式主要有两种：一方面，协会以自主组织活动为核心，积极策划并开展各类培训、练习与比赛，为会员提供充足的实践机会，助力他们不断提升运动技能。另一方面，协会还积极拓展对外交流，组织对外友谊比赛，同时积极参与校内各类体育竞赛活动，不仅增强了协会的影响力，也为会员提供了更广阔的展示平台，进一步激发了他们的运动热情。

（3）体育教学部与学生体育协会的互动

体育教学部与学生体育协会之间保持着一种紧密的上下级领导关系，两者相互依存、联系密切。体育教学部积极为各学生体育协会配备经验丰富的指导教师，为协会活动提供专业指导和训练支持。同时，学生体育协会也充分发挥桥梁纽带作用，经常性地将学生的实际需求和建议反馈给体育教学部，以便及时获得体育教师的精准指导和帮助。

在实际操作中，体育教学部通过多种形式与学生体育协会展开深入合作。例如，利用选修课课堂教学传授体育理论知识和基本技能；通过组织体育活动，让学生在实践中锻炼和提升运动技能；针对体育特长生，则在学生体育协会内开展专项训练，进一步挖掘和培养他们的运动潜力。这种全方位、多层次的互动协作模式，有效地促进了学生运动技能的全面提升。

二、高校体育教学管理的改革策略

在素质教育背景下，高校体育教学的各方面都发生了一定的变化，为顺应素质教育发展的趋势和要求，必须加强体育教学管理的创新与发展，这样才能推动我国高校体育教学的进一步发展。促进高校体育教学管理的创新与发展，可以从以下方面进行。

（一）建立科学完善的网络教学管理系统

在当今信息化迅速发展的时代，构建一个科学完善的网络教学管理系统对提升体育教育质量具有重要意义。高校应依据预先设定的体育教学目标，制订详尽的体育教学计划，在新生入学时，为每位学生发放一本《体育选课指南》。同时，通过多种渠道展示所有任课教师的详细信息，包括简介、照片、专业特长及所开设的课程等，并定期或不定期组织现场咨询活动。学生可以通过现场咨询，也可以访问网站，全面了解体育课程的详细情况及教师信息。

特别值得强调的是，体育成绩的评定应实现程序化管理。教学内容应划分为若干单元模块，每个单元教学结束后，由任课教师给出成绩，并记录在学生的选课手册上。最终，这些成绩将通过教务处成绩管理系统统一录入，确保成绩评定的公开、公正。

在这一网络教学管理系统的支持下，学生的学习积极性将得到极大提升，进而有效促进体育教学质量的全面提高。

（二）建立体育教学弹性管理体制

学生正处于青春发育的时期，在这一阶段，他们一般倾向于参加一些融健身、休闲、娱乐于一体的运动项目。但是，这些项目在学校中的发展受到一定的限制，而在社会上这些项目的消费相对较高，所以会在一定程度上遏制学生的体育需求。

经过调查，对于大多数体育项目的收费，部分学生表示可以接受，甚至某些收费项目反而更受欢迎。这表明健康消费的观念已经深入学生内心。然而，鉴于学生尚未有稳定的收入来源，学校在推出健身项目时，应审慎考虑管理机制。学校可以灵活调整策略，如在特定时段为学生提供免费服务或采取更加优惠的定价方式。这样做不仅能激励学生更积极地参与体育锻炼，还能有效推动高校体育教学质量的稳步提升。

（三）成立学生体质健康测试中心

在当下素质教育改革与发展的大背景下，定期测评学生体质显得尤为重要。然而，由于学生专业分布广泛、时间难以统一等客观因素的制约，亟须建立专门的体质健康测试中心。经过实际运作的验证，这一体质健康测试中心的设立显得尤为必要。为了减轻体育教师课堂教学的压力，学生体质健康测试工作通常安排在课余时间进行。然而，体质健康测试中心的职责并不仅限于此，它还需承担全校学生的健身指导、心理健康咨询等重要任务，并负责制订个性化的运动处方。所以，构建一个科学、完善的体质健康测试中心显得尤为关键，这将在一定程度上推动高校体育教学管理的改革进程，为学生提供更加全面、专业的体质健康服务。

（四）加大体育教学管理的创新力度

1. 加强体育教学管理理念的创新

在高校体育教学管理系统中，人的因素是核心要素，尤其是体育教师和学生。加强对教学主体的管理对于提升体育教学质量具有举足轻重的作用。因此，创新体育教学管理的首要任务是树立正确的教学管理观念，始终坚守并践行“以学生为本”的核心原则。这一原则应作为教育管理工作的基石，确保我们在探索与创新的过程中始终沿着正确的方向前进。

为了在高校体育教学管理中普及这一新型教育理念，我们需要自上而下地组织系统的学习和培训活动。在此过程中，应紧密结合学校的实际情况和教学需求，积极实践“注重个性发展，促进全员成才”的教育方针。同时，针对不同专业的特性，我们应勇于探索并尝试新的教学理念和方法。

通过“试点实施—全面推广—经验总结”的循环模式，我们可以逐步构建起一个具有学校独特风格的体育教学管理模式。这一模式不仅有助于激发学生的学习兴趣和积极性，还能有效提升体育教学的质量和水平，为培养更多高素质、全面发展的人才提供坚实支撑。

2. 加强体育教学管理方法的创新

近年来，我国高校招生规模不断扩张，学生人数持续增长，这给高校体育教学管理带来了前所未有的新挑战。面对这一新态势，为满足素质教育发展的迫切需求，我们必须不断探索和创新体育教学管理方法。对于学校的管理者和教师而言，树立强烈的危机感尤为重要。我们必须深刻意识到，只有不断提升自身学习能力，主动吸收新知识、新技能，才能应对当前及未来体育教学管理中的诸多挑战。

同时，我们应积极借鉴省内、全国其他学校在体育教学管理创新方面的勇敢尝试和成功经验。通过吸取其他学校的优点，再结合本校的实际情况，不断完善和优化体育教学管理体系，推动体育教学管理迈上新台阶、创造新成就。

为此，我们可以引入激励机制，采用“物质奖励 + 精神鼓舞”的综合模式。这种模式不仅能为教师提供实质性的物质回报，更能在精神层面给予他们认可和激励，从而激发他们不断提升自身的综合素质。只有当教师的综合素质得到提升，他们才能具备更强的创新意识和能力，并积极探索和实践符合素质教育发展要求的教学管理方式和途径。这样，不仅能促进高校体育教学管理的创新与发展，更能为提高教学质量和培养优秀人才提供坚实保障。

3. 构建和谐融洽的师生关系

构建和谐融洽的师生关系对于提升高校体育教学质量具有不可或缺的重要性。因此，在高校体育教学管理中，应当将建立和谐融洽的师生关系置于重要的位置。这是因为，只有当教师真正倾听并理解学生的需求和期望时，教学管理才能更具针对性和实效性；同时，只有当学生积极响应并遵循教师的指导时，教学管理才能取得更好的成效。

第七章　高校体育教学模式的构建与发展

随着社会的不断发展和教育改革的深入，高校体育教学模式的构建与发展逐渐受到越来越多的关注。体育作为高校教育的重要组成部分，不仅关系到学生的身心健康，更与他们的全面素质提升、未来的职业发展以及国家的体育事业密切相关。因此，探索高校体育教学模式的构建与发展，对于提升高校体育教学质量、培养具有健康体魄和良好体育素养的新时代大学生具有重要意义。本章围绕体育教学模式的基本理论、高校常见的体育教学模式、高校新型体育教学模式的构建、高校体育教学模式的发展方向等内容展开研究。

第一节　体育教学模式的基本理论

一、体育教学模式的概念

20 世纪 80 年代，我国开始了对如何界定体育教学模式的专题讨论。但至今，体育教学模式的概念尚未达成统一，其规范化程度也有待进一步提高。在对体育教学模式进行的相关研究中，很多学者就体育教学模式的概念给出了自己的看法和见解，在此，可以将体育教学模式定义总结为：在特定的体育教学思想指导下实施的以完成体育教学单元目标为目的的稳定性较好的教学程序。

这一定义涵盖了体育教学模式的几个核心要素：特定的教学思想、明确的教学目标、相对稳定的教学程序。首先，特定的教学思想是体育教学模式的灵魂，它决定了教学模式的方向和性质。其次，明确的教学目标是体育教学模式的出发点和归宿。体育教学旨在培养学生的体育素养、增强体质、提高运动技能，这些目标贯穿于教学模式的始终，指引着教学活动的开展。

然而，体育教学模式并非一成不变。随着教育理念的不断更新和教学实践的深入发展，体育教学模式也在不断地演变和完善。学者在实际研究中发现，不同的体育教学项目、不同的学生群体以及不同的教学环境，都可能需要采用不同的教学模式来获得最佳教学效果。因此，体育教学模式的多样性和灵活性也是其重要特征之一。

此外，体育教学模式的规范化也是当前亟待解决的问题。虽然众多学者对体育教学模式进行了深入的探讨和研究，但由于缺乏统一的标准和规范，导致在实际教学中出现了诸多混乱和不确定因素。因此，加强体育教学模式的规范化建设，制定科学、合理的教学标准和规范，对于提高体育教学质量和效果具有重要意义。

二、体育教学模式的特点

（一）可操作性

体育教学模式的可操作性主要体现在两方面。

一方面，体育教学模式具有易于被教师复制和模仿的特性。这主要是因为，教学模式不仅是教学理论在实践中的具体应用，同时也是对教学实践经验的一种总结和提炼。在体育教学活动中，无论是教学过程的时序安排，还是每个教学环节的具体操作方法，都需要依托教学模式所提供的逻辑框架和思维路径，即所谓操作程序。这样，教师在开展教学时，就能明确地知道先做什么、接着做什么、最后做什么，整个教学过程条理清晰，操作性强。

另一方面，体育教学模式的操作程序呈现出一种基本稳定的状态。这主要是因为，体育教学活动本身具有特殊性和复杂性，同时影响体育教学的各种因素又难以做到精确控制。尽管体育教学模式具有较强的针对性和适用性，但在不同的条件和环境下开展体育教学，所形成的体育教学模式也会呈现出一定的差异性，同时也会因教学指导思想和理论的不同而有所区别。然而，一旦体育教学模式得以确立，它就代表了一种特定的教学思想和理念，这就意味着在特定条件下，其具体操作具有稳定性和可复制性。只要理念和外在条件相同，其他体育教师就能轻易地模仿和应用，这就是体育教学模式所具备的稳定性特征。

当然，需要指出的是，随着时代的不断发展和变化，教学指导思想和外在条件等也可能发生根本性的转变，这就要求我们对体育教学模式进行适时的调整和变革。由此可见，体育教学模式的稳定性并非绝对不变的，而是相对稳定的。

（二）简洁概括性

体育教学模式并非简单地复制体育教学活动，而是在充分展现其独特个性的同时，省略了教学目标、教学方法、组织形式等教学活动中的非核心或次要的元素。它从理论的高度出发，以简明、系统的方式将模式本身的核心内容呈现出来。

这表明，体育教学模式是对某一教学理论的精炼总结，也是对教学实践的简洁概括，彰显出鲜明的简洁概括性。

具体来说，一个特定的体育教学模式能够准确地反映出其所蕴含的体育教学思想，并且在一定程度上简化了教学模式的各个环节。它通过教学程序的形式，将这些环节有机地串联起来，使得整个教学模式更加清晰、易懂。因此，体育教学模式不仅充分展现了其简洁概括性的特征，还为我们提供了一种高效、便捷的教学参考框架。

（三）针对性

任何一种体育教学模式的建立，都是针对体育教学实践中的某个具体问题或问题的特定方面而设计的。针对不同的体育教学内容、教学对象、教学环境等要素，所形成的体育教学模式会存在显著的差异。这表明，体育教学模式具有特定的教学目标和适用范围，它并不能涵盖所有情况，不存在一种普遍有效或最优的模式。实际上，教学模式与教学目标之间的关系往往是一对多或多对一的，而非简单的一一对应。

通常情况下，一种体育教学模式会包含多种教学目标，这些教学目标又可以进一步划分为主要目标和次要目标。其中，主要目标是区分不同教学模式的关键特征，也是人们选择教学模式的重要依据。以启发式教学模式和快乐体育教学模式为例，两者都旨在提高学生的技能水平、促进运动参与、培养情感等，但它们在主要目标上存在差异。

具体来说，启发式教学模式的主要目标是开启学生的学习智力，促进运动思维的发展，从而对运动技能的学习与掌握产生积极影响。而快乐体育教学模式则更注重使学生在学习简单体育项目动作的过程中体验运动的乐趣，创造性地组合简单动作，体验成功的感觉，从而增强学生的自信心。这些主要目标的差异，正是两种教学模式区别于彼此的重要标志，也是人们在选择教学模式时需要考虑的重要因素。

（四）优效性

体育教学模式的建立，首先依赖于坚实的理论基础。然而，其构建与完善的过程，则离不开体育教学实践的持续修正与补充。因此，提高体育教学质量、逐步优化体育教学过程、不断更新和完善体育教学的各个环节以及避免教学资源的浪费与不足，成为完善体育教学模式的核心关注点。从这一视角出发，体育教学模式充分展现了其显著的优效性特点。

（五）整体性

体育教学模式对体育教学的处理是采取一种整体性的视角。具体而言，它不仅明确界定了教学活动中的主体（体育教师与学生）和客体（教学目标、教学内容等）等主要因素的地位与功能，还对教学所需的物质条件、组织形式、时空安排、师生互动及生生合作等在教学中发挥重要作用的其他因素进行了详尽的阐述。由此可见，体育教学模式几乎涵盖了体育教学论体系中的所有基础性内容，因此也被人们形象地称为“体育微型教学论”。

体育教学模式的整体性特征要求我们在认识和运用体育教学模式时，必须全面、整体地把握体育教师的教学风格、学生的年龄特征、体育基础水平、课程内容特点等核心要素，并熟练掌握。同时，我们还需要考虑到教学场地、环境、班级规模、气候等次要因素，并清晰地认识到这些因素之间的相互关联。

此外，我们还应充分重视各环节之间的相互配合与衔接，确保教学模式能够形成一个系统的教学程序。这种由多部分、多要素、多环节有机组合而成的整体，充分展现了体育教学的整体性特质。

（六）娱乐性

相较于其他学科，体育教学因其独特的身体活动特性，更贴近人类的天性。当学生在合理的运动负荷和规则的引导下进行身体锻炼时，他们往往能体验到身心的放松和愉悦，这充分展现了体育教学独有的娱乐性。因此，如何对体育教学模式进行创新和优化，进一步提升其娱乐性，已成为广大体育教学工作者共同关注的焦点。

要实现这一目标，就需要对体育教学模式的目标设置、教学流程以及方法组合进行更为深入的思索和探究，这对广大教师提出了更高的挑战。在确保教学程序科学、合理的前提下，教师应积极采用更贴近学生生活实际的教学方法，并善于运用现代教学手段，以更好地契合学生的学习需求，增强体育教学的娱乐性。同时，在体育教学模式的多维度构建中，各个环节之间的衔接与配合也显得尤为重要。要确保各个环节能够相互支撑、相互补充，协同发挥作用，从而让学生在参与体育教学活动的过程中，能够真正享受到身心的全面愉悦。

三、体育教学模式的功能

（一）简化功能

体育教学活动具有显著的特殊性和复杂性，为了有效了解这些特性，除了需要思辨和文字表述，还需借助更为直观简明的方式。例如，图示法便能帮助人们快速形成对事物的整体认知。体育教学结构能够展现各环节、各要素之间的关联，同时也能清晰呈现其组织结构和流程框架，这种结构注重原则、原理的应用，并强调行为技能的学习。

体育教学模式相较于抽象的理论更为具体、简化，它更贴近教学实际，能为体育教师提供一个基本的操作框架，使教师明确教学程序，因此更易于被教师理解、选用、操作和认可，深受教师的喜爱。

（二）预测功能

体育教学模式基于体育教学活动中的内在规律和逻辑关系，因此它有助于准确判断体育教学进程和结果。即便无法做出准确判断，也能对进程和结果进行合理预估，甚至建立教学结果假说。通常，我们会根据某种教学模式的内在本质规律及其现象来对该模式进行预测。以快乐体育教学模式为例，该模式既注重学生在学习过程中的体验，也强调学生掌握运动技能，为终身体育打下坚实基础。

体育教学模式的预测功能主要体现在两方面：一方面，若教学过程中未达到预期目标，说明实际与预测存在差距，需进行合理调整；另一方面，若教学过程中达到了预期目标，则证明理论与实践相统一，与事先预测相吻合。

（三）解释功能

体育教学模式的另一重要功能是通过简洁明了的方式解释复杂的现象，帮助人们把握和理解体育教学活动中的复杂现象和规律。

第二节　高校常见的体育教学模式

在高校体育教学中，体育教学模式作为其中的一个重要方面，其所起到的作用也是不可忽视的。体育教师应基于学校的具体情况和教学实际来对教学模式进行合理选择与安排，从而达到有效提升体育教学质量、促进体育教学发展的目的。

一、传统体育教学模式

（一）传统体育教学模式的概念

传统体育教学模式主要建立在狭义的运动技能基础之上，它侧重通过运动技能的传授来实施教学。在这种模式下，教师以运动技能教育观为指导，深入探究运动技能的形成规律，并据此设计体育教学程序。这种模式强调对运动技能的系统学习和掌握，旨在通过技能训练来提升学生的身体素质和运动能力。

在具体的教学实践中，传统体育教学模式通常遵循着“讲解、示范、模仿、练习、反馈”的基本流程。首先，教师会对运动技能进行详细的讲解，阐述其动作要领和注意事项；其次，教师通过规范的示范动作，让学生直观感受运动技能的正确表现形式；再次，学生在教师的指导下，进行模仿练习，尝试掌握运动技能的基本动作；最后，在练习过程中，教师会给予及时的反馈和指导，帮助学生纠正错误，不断完善动作技术。

此外，传统体育教学模式还注重培养学生的意志品质和团队协作精神。在艰苦的训练过程中，学生需要克服种种困难，坚持不懈地练习，从而磨炼出坚韧不拔的意志品质。同时，在集体项目中，学生需要相互配合、协同作战，这有助于培养他们的团队协作精神和集体荣誉感。

然而，随着教育理念的不断更新和教学方法的不断进步，传统体育教学模式也在逐渐演变和完善。在保持其注重运动技能传授的优点的同时，也在不断探索如何更好地激发学生的学习兴趣和积极性，如何更全面地培养学生的身心素质，以适应现代体育教学的发展需求。

（二）传统体育教学模式的实操环节

在高校体育教学中运用传统体育教学模式，所参照的教学程序如图 7–1 所示。

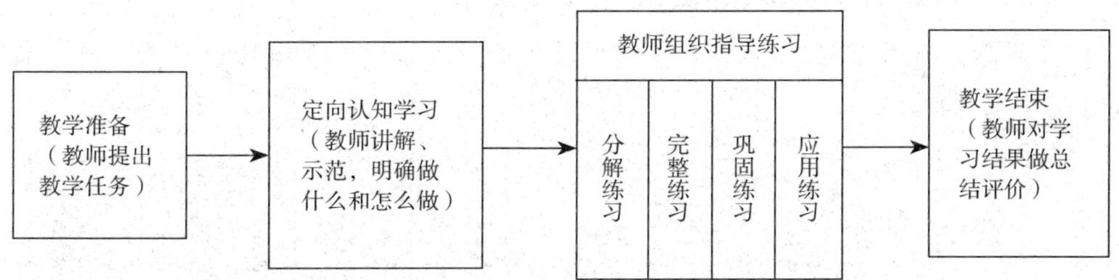

图 7–1　传统体育教学模式的教学程序

在体育教学的不断发展与创新过程中，传统体育教学模式不仅得到了持续的完善与提升，更积极地推动了运动技能传授模式的改革与发展。在这一过程中，涌现出多种典型的运动技能传授模式，如强调师生间互动与合作的“师生合作式”模式以及注重教师引导与辅助作用的“教师辅助式”模式等，它们在体育教学中应用的教学程序分别如图 7–2 和图 7–3 所示。

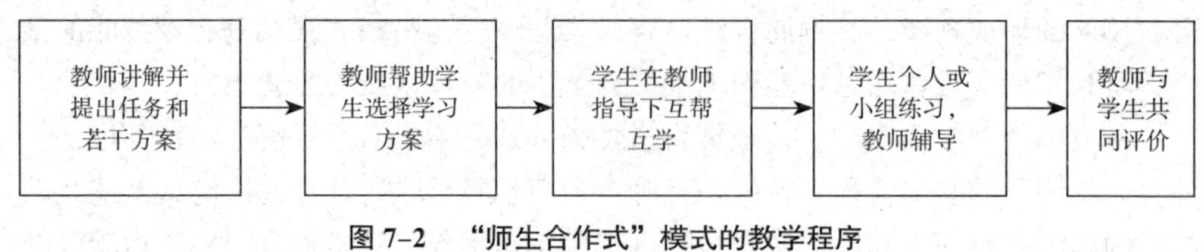

图 7–2　“师生合作式”模式的教学程序

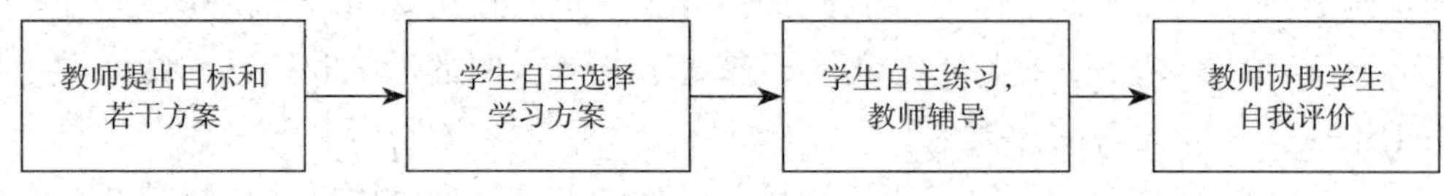

图 7–3　“教师辅助式”模式的教学程序

二、小群体体育教学模式

（一）小群体体育教学模式的概念

简而言之，小群体体育教学模式就是以小组形式开展教学活动的教学模式。在实施过程中，依据学生之间的共性和特殊性来划分学习小组。这样的分组方式有助于学生在“互动、互助、互争”的学习环境中共同获取知识与技能。同时，小群体体育教学模式还能有效培养学生的集体主义精神，陶冶他们的性情，并促进人格的完善。

（二）小群体体育教学模式的实操环节

小群体体育教学模式的操作程序如图 7–4 所示，这一教学模式广泛应用于体能教学中。

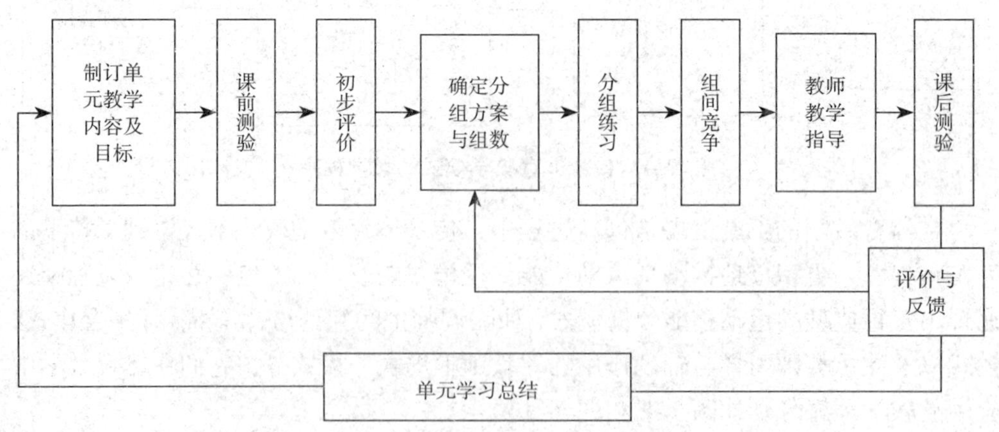

图 7–4　小群体体育教学模式的操作程序

三、主动性体育教学模式

（一）主动性体育教学模式的概念

在现代教育体系中，学生被视为教学活动的核心主体。因此，主动性体育教学模式应运而生，它旨在更有效地引导学生通过思考、体验来促进交流与合作，从而助力学生社会技能、社会情感及创造能力的全面发展。在高校的体育教学中，为了取得理想的教学效果，一个积极、健康的课堂环境和氛围是不可或缺的。正是基于这样的实际需求，主动性体育教学模式应运而生。

主动性体育教学模式本质上是一种旨在激发学生自主性和积极性的教学策略。然而，这种教学模式的实施并非易事，它需要教师精心创造一系列有利条件。

（二）主动性体育教学模式的实操环节

主动性体育教学模式的操作程序如图 7–5 所示。

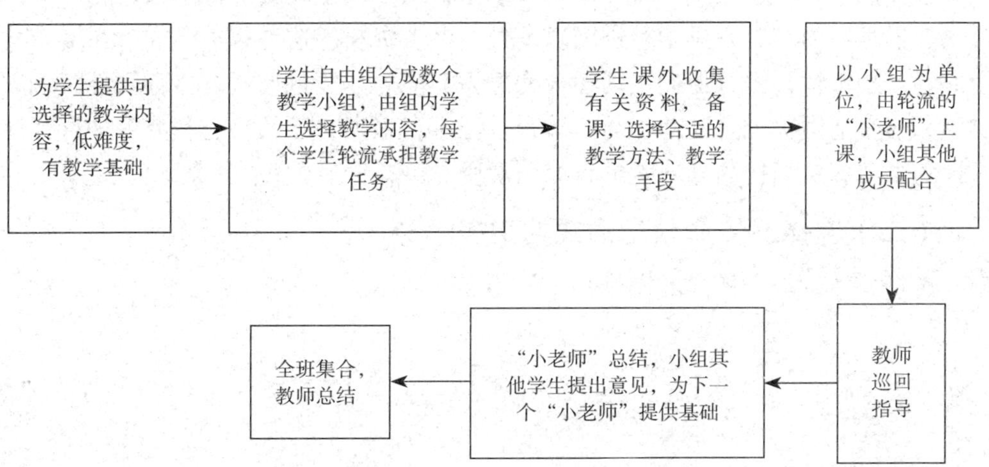

图 7–5　主动性体育教学模式的操作程序

四、发现式体育教学模式

（一）发现式体育教学模式的概念

发现式体育教学模式是一种旨在培养学生善于发现能力的教学模式。它以学生为中心，建立在学生积极主动性的基础之上，鼓励学生积极思考与独立探究问题。通过这一教学模式，学生能够主动发现并掌握相应的知识，进而得出自己的结论。

（二）发现式体育教学模式的实操环节

发现式体育教学模式的操作程序如图 7-6 所示。

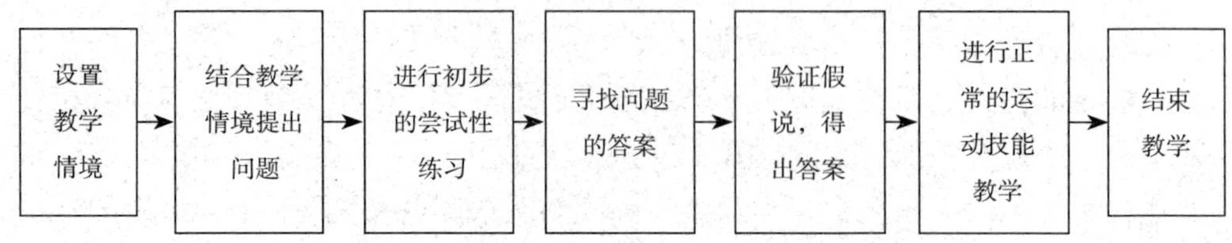

图 7-6　发现式体育教学模式的操作程序

五、选择式体育教学模式

（一）选择式体育教学模式的概念

选择式体育教学模式是指在体育教学中，给予学生充分的自主权，允许他们自主选择学习内容、安排学习进度以及查找参考资料。这种教学模式旨在培养学生的学习积极性，提升他们主动学习的意识与能力。通过选择式体育教学模式的实施，学生能够更加主动地参与到体育学习中，根据自己的兴趣和需求进行有针对性的学习，从而提高学习效果和综合素质。

（二）选择式体育教学模式的实操环节

选择式体育教学模式的操作程序如图 7-7 所示。

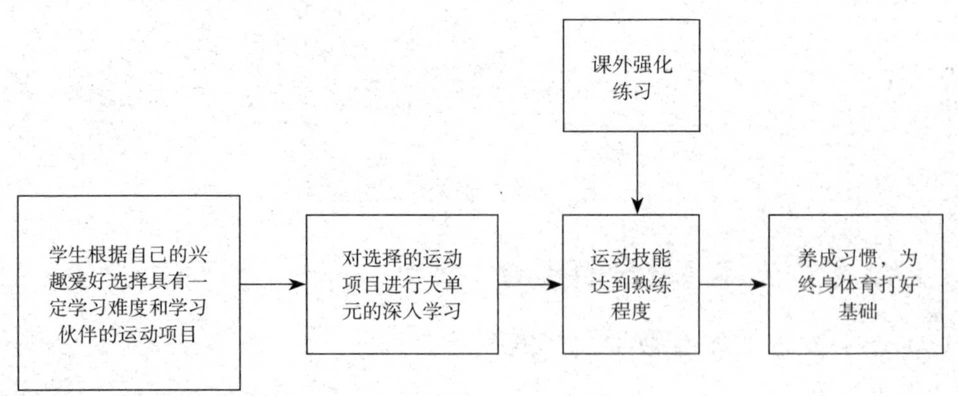

图 7-7　选择式体育教学模式的操作程序

六、领会式体育教学模式

（一）领会式体育教学模式的概念

领会式体育教学模式旨在促进学生对体育学习的深入领悟。这一教学模式在实施过程中，对场地设施条件提出了一定的要求，以确保学生能够充分学习和掌握运动技能。通过提供良好的学习环境和资源支持，领会式体育教学模式能够有效调动学生的学习积极性，提升他们的学习效果。

（二）领会式体育教学模式的实操环节

领会式体育教学模式的操作程序如图 7–8 所示。

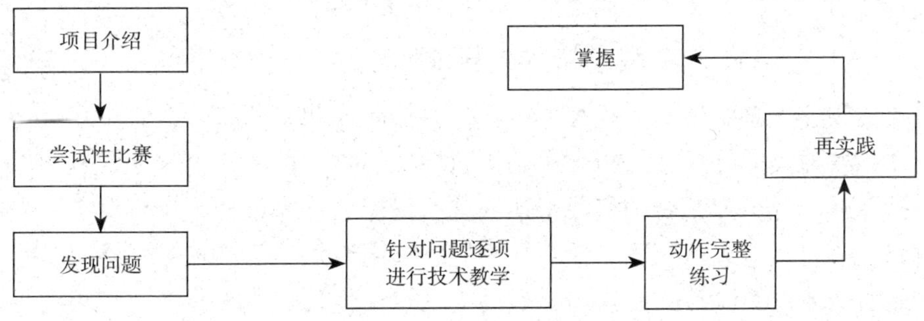

图 7–8　领会式体育教学模式的操作程序

七、快乐体育教学模式

（一）快乐体育教学模式的概念

快乐体育教学模式是一种基于运动基础的教学模式，运用该教学模式的教学人员运用恰当的教学方法，旨在双管齐下：既增强学生的体能，又使学生在体育学习中体验到快乐。该模式的核心理念在于，让学生在教学过程中，不仅能学到运动技能、锻炼体魄，还能充分享受到快乐，从而激发他们参与体育实践的热情。

在快乐体育教学的实践中，通常会融入游戏、比赛等元素，采用“初步体验—挑战学习—创造乐趣”的模式进行。这种教学模式并非一成不变的，而是具有灵活性，会根据教学人员和学生的具体情况有所调整。尽管其教学方式多样，但最终目标始终如一，即让学生在快乐的氛围中进行体育实践，实现身心的全面发展。

国民的身体素质对于国家的发展至关重要。只有国民身体素质过硬，才能更好地投身国家的建设中。而快乐体育正是引导人民快乐、主动地参与体育实践的有效途径，因此，快乐体育在我国社会主义建设中扮演着不可或缺的角色。

（二）快乐体育教学模式的实操环节

快乐体育教学模式的操作程序如图 7–9 所示。

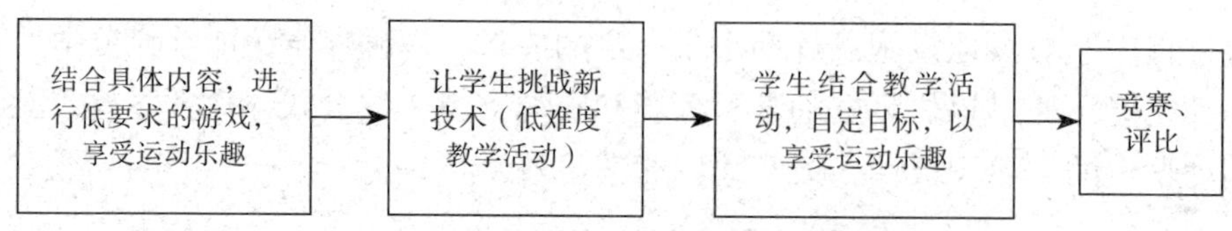

图 7–9　快乐体育教学模式的操作程序

八、成功式体育教学模式

（一）成功式体育教学模式的概念

成功式体育教学模式是一种侧重让学生体验成功感的教学模式。在这种教学模式中，教师发挥着积极的指导作用，引导学生自主设定符合自身学习能力的学习目标，并通过努力学习和实践来达成这些目标。这一过程不仅有助于学生树立自信心，更能让他们深刻体验成功的喜悦，从而激发他们追求更高层次目标的动力。成功式体育教学模式的实施，有助于培养学生的自主学习能力和积极心态，促进他们的全面发展。

（二）成功式体育教学模式的实操环节

成功式体育教学模式的操作程序如图 7–10 所示。

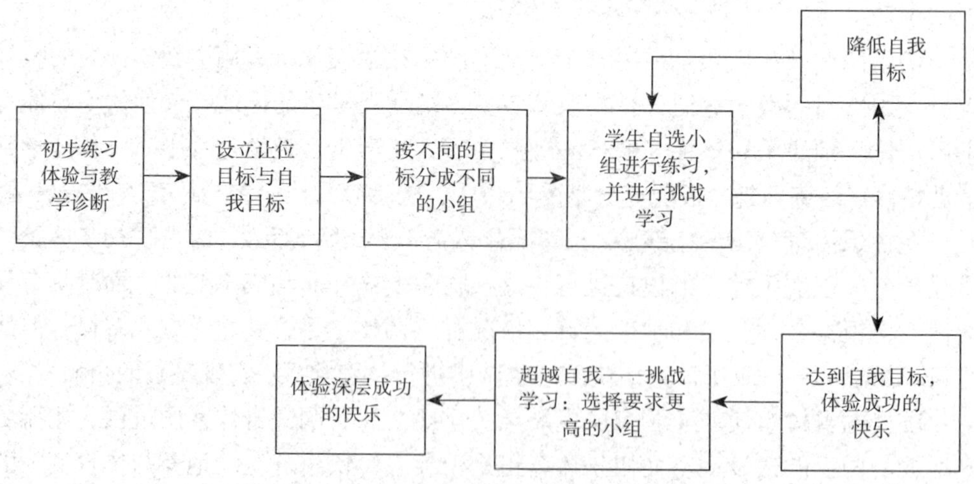

图 7–10　成功式体育教学模式的操作程序

九、其他体育教学模式

（一）“三元一体”体育教学模式

“三元一体”体育教学模式是指将网络教学、课堂教学和正式比赛这三大元素紧密结合，并与体育学习共同体这一核心要素相融合的教学模式。其中，“三元”包括利用网络平台进行远程教学和网络资源学习的网络教学、以面对面授课和互动为主的课堂教学以及通过正式比赛检验学习成果和锻炼实践能力的比赛环节。而“一体”则是指体育学习共同体，即由师生共同构建的、以共同学习和进步为目标的学习群体。“三元一体”体育教学模式的理论框架如图 7-11 所示。

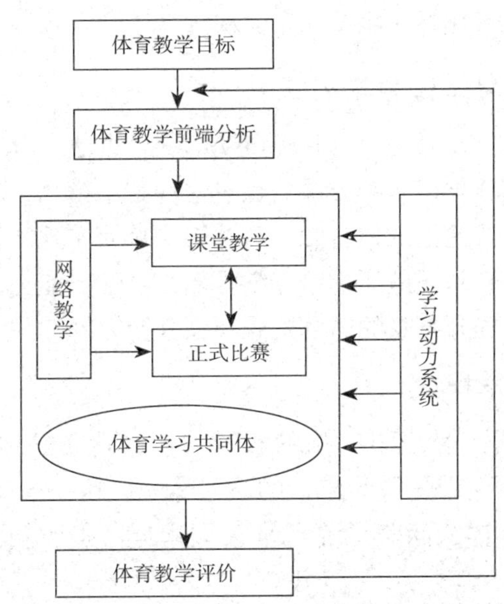

图 7-11　“三元一体”体育教学模式的理论框架

在“三元一体”体育教学模式中，正式比赛往往被精心安排在课外时间，通过第二课堂的形式进行组织。这种安排不仅与课堂教学和网络教学紧密相连，而且为学生提供了更加完善的学习条件和更可靠的学习平台。通过参与正式比赛，学生能够更好地将课堂和网络上学到的知识与技能付诸实践，从而有助于他们运动技能的形成更加有保障。

（二）“结构—定向”体育教学模式

“结构—定向”体育教学模式是以“结构—定向”教学理论为基石发展而来的。具体而言，结构化教学旨在促进学生的“预期变化”发生以及心理发展，其核心目标在于构建学生的心理结构。为实现这一目标，结构化教学强调以学生为中心，通过精心设计的教学活动和方法，帮助学生逐步建立扎实的知识体系和良好的心理结构，从而为他们的全面发展奠定坚实基础。

学生的心理结构是体育教学效果的关键因素之一。在体育教学中，依据学生的心理结构形成规律与特点，有针对性地开展定向教学工作，即所谓定向化教学。这一教学过程旨在通过定向培养学生的认知结构和动作技能，从而有效提升教学效果。具体来说，学生在技术动作学习过程中的认知结构构建和动作技能的形成过程，是定向化教学在体育教学中的主要体现。

（三）案例学习体育教学模式

案例学习体育教学模式是一种特色鲜明的教学方法，其核心在于教师精心挑选并实施典型的体育教学内容和方式。通过这种教学模式，学生能够由个别案例入手，逐步掌握具有普遍性的体育知识与技能，从而实现从特殊到一般的认知跨越。在这一过程中，教师还应注重培养学生的自主学习能力，使他们在探究和解决问题的过程中不断提升自身的体育素养和综合能力。

（四）运动教学模式

运动教学模式是一种别具一格的教学方法，它巧妙地将运动作为传递知识的媒介，旨在为学生带来更为丰富的学习体验。这一模式的核心指导思想是多元教育理念的融合体，涵盖了游戏理论、团队学习理论以及情境学习理论等方面。

在这一教育模式下，教师扮演着至关重要的角色，他们精心设计和组织体育教学活动，确保学生能够在这一过程中获得充分的锻炼和全面的发展。为了实现教学目标，运动教学模式采用了多种多样的学习方法和组织形式。

学生可以通过合作学习、同伴互助等方式，在固定的小组分工和角色扮演等组织形式的引导下，深入参与到体育教学活动中来。而比赛作为贯穿整个教学过程的核心线索，不仅有效激发了学生的竞技精神和进取心，更为不同运动水平的学生提供了真实、丰富且富有挑战性的运动体验。

运动教学模式的基本特征如图 7–12 所示。

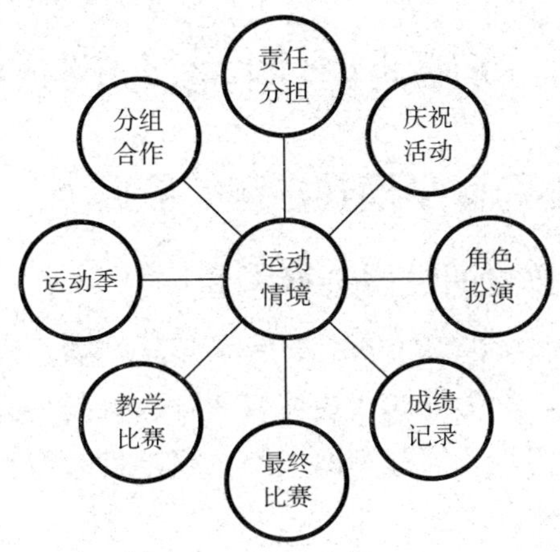

图 7–12　运动教学模式的基本特征

运动教学模式的教学程序如图 7–13 所示。

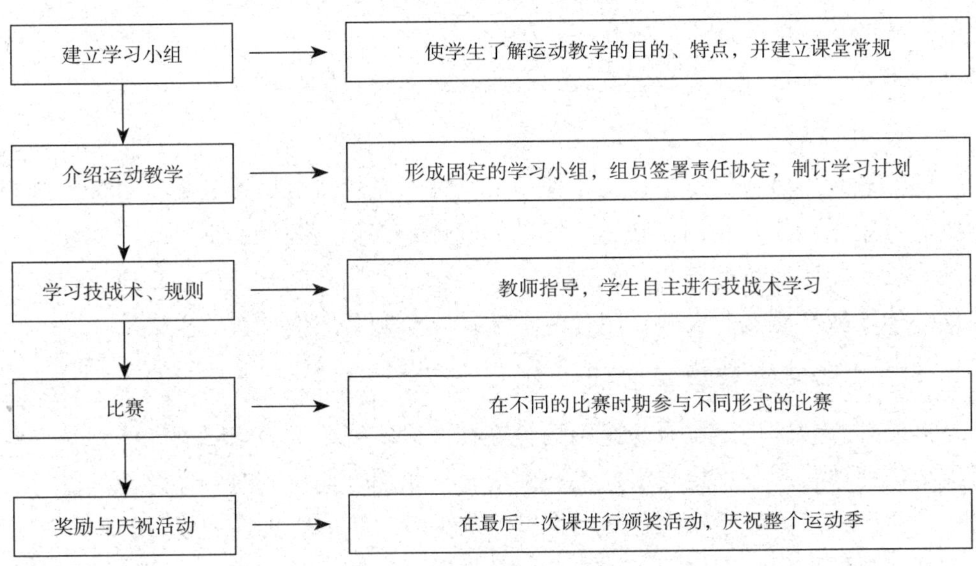

图 7–13　运动教学模式的教学程序

第三节　高校新型体育教学模式的构建

一、高校新型体育教学模式构建的依据

（一）依据体育教材的性质进行考量

体育教材作为体育教学的基本工具，是体育教师教学、学生学习的重要依托。同时，它也是体育教师与学生共同实现体育教学目标的内容载体。一般来说，体育教材可以根据其内容的性质划分为两大类：概括性教材和分析性教材。以下是对这两类教材的具体分析。

1. 概括性教材

此类教材并不要求学生掌握复杂的运动技能，其主要目的是让学生简要了解体育项目，培养他们的体育学习兴趣，并促进身心健康。学生在学习这类教材时，更注重体验其中的乐趣，收获快乐。因此，在教学过程中，应构建并选用快乐体育教学模式、情境式体育教学模式以及成功式体育教学模式。

2. 分析性教材

这类教材中讲授的运动技能掌握起来具有一定的挑战性，其主要目标是提高学生的自主学习能力和创新能力，促进他们体育知识与技能的提升。学生在学习这类教材时，应着重培养学习能力和创造力。因此，在教学过程中，应选择构建主动性体育教学模式、发现式体育教学模式以及领会式体育教学模式等。

（二）参考体育教学目标

高校体育教学模式构建与运用的关键在于设定明确的教学目标。体育教学模式需要依托体育教学思想与目标来激发活力、指引方向，同时，体育教学思想与目标也是区分不同教学模式的重要标准。新课程改革后，体育教学目标得到了新的诠释，主要聚焦在四方面：首先，旨在提升学生的运动参与能力和积极性；其次，致力于促进学生的身心健康；再者，强调帮助学生掌握正确的运动技能；最后，注重提高学生的社会适应能力。

（三）参考体育教学对象

高校体育教学活动将学生作为核心的教学主体，学生是教学活动中不可或缺

的关键部分，因此，构建教学模式时需充分考量不同学生的具体状况与特点。一般而言，学生的学习阶段可依据年龄划分为小学、中学和大学三个时期。在不同的学习时期，学生的身体与心理状况存在显著差异，所以，在构建体育教学模式时，必须充分考虑各学习阶段学生的实际情况。

当学生进入大学，他们主要接受的是专项体育运动的教学与训练。在这一阶段，技能性体育教学模式尤为适用，同时，体能性体育教学模式也发挥着重要的辅助作用。因此，构建这两种体育教学模式对于大学时期的体育教学至关重要。

（四）参考体育教学条件

不同的体育教学模式所需的教学条件亦各不相同。各地区或学校的体育教学条件呈现出明显的复杂性和差异性特征。以发达地区与欠发达地区为例，两者因经济水平存在显著差距，故在体育教学场所、设施及器材的配置上也相应地存在较大的差异。

面对这一现状，体育教师需秉持实事求是的态度，从实际情况出发，构建适合当地条件的体育教学模式，以确保教学目标与任务的顺利完成。对于欠发达地区的学校而言，由于其教学水平与条件相对有限，因此不宜选择那些对外部教学条件要求较高的小群体体育教学模式。

二、高校新型体育教学模式构建的原则

（一）秉持教学目标、内容、形式、结构与功能和谐统一的原则

从本质上讲，新型体育教学模式构建的关键在于妥善处理高校体育教学活动中目标、内容、形式、结构、功能的内在关系。因此，体育教师需全面剖析各类体育教学课堂的形式和结构所具备的功能与作用，并紧密依据教学目标和实际条件，科学合理地选择适宜的教学模式。

（二）坚守统一性与多样性有机结合的原则

在构建和设计高校新型体育教学模式时，其统一性体现在要继承和发扬我国体育教学中长期形成的宝贵教学思想和成功经验。而多样性则要求我们在开发和构建体育教学模式时，应力求实现多样化，有效避免单一化和程式化的弊端。

（三）秉持借鉴与创新并重的原则

高校新型体育教学模式的构建，应坚持借鉴与创新并重的原则。借鉴主要包

括两方面：一是要汲取国外的先进教学模式理论；二是要吸收国内的先进教学模式理论及成功的教学实践经验。

随着经济全球化进程的不断加深，高校体育教学也必然受到教育国际化的影响。盲目排斥国外先进教学模式理论，或仅借鉴而不进行创新，都是故步自封的表现。因此，我们应将借鉴与创新有机结合，既运用成功的经验，又吸取失败的教训，尽量少走弯路。具体而言，借鉴与创新并重，就是要在正确的体育教学思想的指引下，革新原有的落后体育教学模式，借鉴前人和他人的成功经验和理论，同时紧密结合教学中的实际情况，切实提高体育教学的效率。

三、高校新型体育教学模式构建的步骤

总体而言，新型体育教学模式的构建需遵循以下几个步骤。

第一，确立指导思想。选定何种教学思想作为构建模式的根基，使教学模式更加凸显其主题思想，并具备坚实的理论基础。

第二，明确构建目标。在指导思想确立的基础上，明确构建体育教学模式所要达成的具体目标。

第三，搜寻典型经验。在完成前面步骤的基础上，通过深入的调查研究，寻找与模式构建思想和目的相契合的典型经验或原型，作为教学案例。

第四，提炼基本特征。运用模式分析方法对教学案例进行深入剖析，概括出教学案例的基本特征以及教学实施的基本过程。

第五，确定关键词。精准确定能够准确表述这一体育教学模式的关键词。

第六，进行简要定性描述。对这一体育教学模式进行简洁明了的定性描述。

第七，对照模式实施教学。按照这一体育教学模式进行具体的教学实践，以进行实践检验。

第八，总结评价并反馈。通过体育教学实践验证，对实践检验的结果进行归纳总结，根据初步实践结果调整并修正教学模式，经过反复实践以不断完善和优化。

四、两种新型体育教学模式的构建与运用

（一）合作式体育教学模式的构建与运用

在高校体育教学活动中，合作式体育教学模式的实施对于提升学生的合作意识与能力，增强交往、实践及协调能力，以及促进学生个性发展和终身体育意识的形成具有积极作用。

1. 合作式体育教学模式的构建

（1）构建流程

首先，需根据体育教学指导纲要规定的教学时长与内容，科学合理地分配与安排课程时间。通常情况下，在高校体育教学活动中，体育理论知识教学占总时长的 25%，学生体育能力培养占 30%，体育技战术教学则占 45%。其次，体育教师在开展课堂教学前，应精心制订教学计划，即教案。在制订教学计划时，教师应加强与学生的沟通，共同探讨教学方法的选择。

（2）具体实施策略

①确立教学目标。高校体育教学的首要环节是明确教学目标。在此过程中，体育教师应将口头讲解与动作示范相结合，同时引导学生观察体验与思考，加强师生间的互动与交流。

②进行集体授课。在集体授课环节，体育教师应适当缩短授课时间，提高教学效率，为下一环节（小组合作）留出更多时间。同时，教师应激发学生的学习兴趣，通过提出新颖问题来吸引学生的注意力。

③强化小组合作学习。小组合作学习的重点在于发挥学生的主体性以及促进学生间的交流。学生应在小组学习中积极发表意见，提高自己的主动性、积极性及创新性。

④实施阶段性测试。体育教师在学生学习一段时间后，应对各学习小组进行阶段性测试，以初步了解学生的学习情况与效果。

⑤及时反馈与评价。在反馈阶段，体育教师应对学生的综合表现进行全面评价。由于学生在小组合作学习中获取的知识较为零散，且系统性不强，因此教师应引导学生归纳所学知识，形成系统的知识体系，便于学生记忆与掌握知识。同时，小组测试也是反馈的重要手段，通过测试可以反映出学生学习中的不足，从而有针对性地进行纠正与完善。

2. 合作式体育教学模式在高校体育教学中运用的注意事项

（1）体育教学方法的选用

在任何教学情境中，采用多样化的教学方法的核心目的在于优化教学进程，提升教学效果，确保各层次的学生能在短时间内取得最佳学习成效。不论是传统还是新型教学模式，其运用教学方法的根本目标高度一致。在合作教学实践中，体育教师倾向于采用一系列先进且合理的教学方法，如探究式、讨论式、自主式、启发式及案例式教学方法等，这些方法深受学生喜爱，教学效果显著，有效提升了学生对运动技能的理解与掌握效率。

①满足学生心理需求。当代学生富有独特思维，对新事物充满期待。传统体育教学方法对他们而言显得枯燥乏味，影响了他们的学习热情。实践表明，传统体育教学方法的教学效果欠佳，导致学习效率低，学生掌握动作技术的能力参差不齐，未能充分激发学生的创造性思维。

②改革的需求。高校体育教学改革是高等教育改革的重要组成部分，其中教学方法的改革尤为关键。当前，众多高校正致力于构建科学有效的教学方法体系。在合作式体育教学模式下，新型教学方法的运用彰显了该模式的时代性与先进性，符合高校体育教学改革的基本需求。

③提升教学效率的需求。在合作式体育教学模式下，新型教学方法不仅激发了学生的学习热情，还增强了生生、师生间的沟通能力，培养了学生针对特殊问题采取特殊解决方案的能力，开拓了独立解决问题的途径，为课内外体育活动的开展奠定了坚实基础。此外，根据教学目标组建的小组，可借助新型教学方法建立信任机制，在教师指导下进行自主练习，相互学习，相互信任，根据自身理解构建个性化学习策略，有效提升学习效率。

（2）运用独特的体育教学评价方式

构建合作式体育教学模式的关键在于运用独特的评价方式，这与传统体育教学评价存在显著差异。传统体育教学评价多采用跟踪式模式，以课堂教学效果为目标，根据学生动作技术掌握程度进行评价，强调个体竞争；而合作式体育教学评价则将个体竞争转化为小组竞争，采用小组计分方式，以小组总体成绩作为奖励或认可依据，形成了“组内合作，组间竞争”的新格局，评价重点从鼓励个人竞争达标转向鼓励合作达标。这种评价方式使学生意识到，小组是一个学习共同体，个人目标的实现依赖于集体目标的实现，小组成员的共同参与是合作学习的核心目标。这种评价方式促进了小组成员间的互助与合作竞争，实现了“不求人人成功，但求人人进步”的教学评价目标，既有利于培养自主学习习惯，又营造了舒适健康、高成就动机的教学环境。

（3）体育教学资源的有效整合

合作式体育教学模式的一大优势在于其能有效整合体育教学资源。随着城市化进程加速，城市用地受限，高校生源扩大，体育场地资源变得日益紧张，学生人均活动空间也随之缩小。合作式体育教学模式通过充分利用现有场地资源进行体育教学，将“人人拥有器械、场地”转变为“组组拥有器械、场地”，显著提高了资源分配使用率，同时教会了学生如何利用有限资源进行体育锻炼，节约了器械、场地，凸显了小组合作的优势。在教学过程中，各小组可根据分组情况及项目内容对体育器械、场地进行合理分配或再分配，确保体育教学资源得到合理、有效利用。

（二）启发式体育教学模式的构建与运用

启发式体育教学模式，是指在高校体育教学活动中，教师根据体育教学目标、教学规律以及学生的认知水平和年龄特征，运用多种教学手段，引导学生独立思考，积极主动获取知识，并解决学习问题的教学模式。其实质在于解决体育教学中的问题，提升教学质量，并激发学生的体育学习积极性。

1. 启发式体育教学模式的构建

（1）创设问题情境

体育教师在创设问题情境时，需紧密结合体育教材的重点和学生的实际情况。在创设过程中，教师不仅要解决学生学习中出现的问题，更要采取措施激发学生的好奇心，促使他们主动提出疑问，并积极思考解决方法。这有助于充分调动学生的学习热情，提升他们的逻辑思考、客观分析及解决问题的能力。

（2）运用直观的教学手段

在启发学生的过程中，体育教师应尽量采用直观的教学手段，减少抽象概念的使用。直观的教学手段包括多媒体、录像、图片等教具，这些手段有助于激发学生的学习兴趣，使他们以简单的方式准确掌握学习内容。

（3）采用多样化练习方式

在引导学生练习时，体育教师应根据体育教学任务、目的和要求，善于采用有助于启发式体育教学实施的练习方式作为辅助手段。同时，教师还可根据教材内容，运用多样化的练习手段，以提高学生的学习兴趣和学习效果。

2. 启发式体育教学模式在高校体育教学中运用的注意事项

（1）明确教材重难点

体育教材的重点是学生必须掌握的关键内容，难点则是学生难以掌握的教材内容。教师在运用启发式体育教学模式时，应围绕教材重点，通过口头叙述、动作示范等方式，引导学生思考重点内容。教师还可以针对重点动作进行生动、逼真的示范，帮助学生掌握教学内容。此外，教师还应考虑学生的身心特点、认知能力和学习基础，遵循因材施教的原则，确保每个学生的学习效率都能得到不同程度的提高。

（2）科学构建多元评价体系

评价学生的学习过程或结果，主要是为了总结学生的学习效果，对体育学习起到督促和激励的作用。合理的评价有助于提高学生的学习积极性和主动性。

评价的实施步骤包括确定评价标准、创设评价情境、选用评价手段、利用评价结果。评价应合理灵活，不必拘泥于标准答案，应根据具体情况保留一定的评价空间。教师在评价学生学习技能的同时，也应引导学生进行自我评价或学生间互相评价。

第四节　高校体育教学模式的发展方向

任何一种教学模式都是一个动态变化、不断更新的系统。尽管某种模式一旦形成会具有一定的稳定性，但这并不意味着其内部要素和结构是一成不变的。因此，稳定是相对的、暂时的，而变化是绝对的，发展是必然的。随着体育教学改革的深入和教学观念的更新，原有体育教学模式中的各要素和结构必然会得到调整和更新，不断被注入新的内容。

一、种类趋向多样化

教学实践的需求推动了新教学思想的层出不穷。人们借助多学科的研究成果、技术和方法，构建了多种新的教学模式，形成了多种体育教学模式并存的发展趋势。随着高校体育教学改革的推进，一些先进的模式如“俱乐部制教学模式”“小集团竞争模式”等被引入体育教学。每种教学模式都有其适用的特定教学情境，也存在优点和不足。不同体育教学模式之间并非排斥关系，而是相互借鉴、补充，发挥各自特有的功能，为高校体育教学实践提供了广阔的选择空间。

二、形成途径趋向演绎化

高校体育教学模式的形成有两种方向：一是从体育教学实践中归纳总结，二是从某种理论中演绎推导。传统体育教学模式多从实践中总结出来，属于归纳型；而当代出现的一些体育教学模式则大多按照一定理论构建，属于演绎型。这一转变表明体育教学论及其研究方法发生了变化，科学水平得到了提高。为贯彻“健康第一”的指导思想，全面提高学生的身心健康水平，张扬学生的个性，培养学生的创新能力、协作精神和社会适应能力，需要运用演绎方法创造新体育教学模式。

三、理论研究趋向精细化

体育教学理论的研究旨在更好地指导体育教学实践，并对实践进行总结。缺乏理论研究或体育实践会使体育教学失去意义。因此，必须将理论研究与实践研究相结合，加强理论研究的力度和成效。具体来说，高校体育教学模式有以下发展方向：从一般教学模式研究走向学科教学模式研究，再到课堂教学模式研究；对课堂教学模式的研究趋向精细化，包括学期、单元、课时教学模式的精细化研究。

四、师生关系趋向合作化

在体育教学过程中，关于教师和学生谁是中心的问题长期存在争论。教师中心论和学生中心论是两种典型观点。为避免学生主体地位的丧失和教师主体地位的冷落，必须重新审视师生关系，重视发挥教师的主导作用和学生的学习积极性，师生共同合作完成教学任务，这成为高校体育教学模式的一个发展趋势。

五、智力与非智力因素平衡化

在学习活动中，学生的智力因素与非智力因素都起着积极作用。现代教学模式的构建改变了传统教学中片面强调智力因素的做法，重视培养学生对体育学习的兴趣，激发学生的学习动机，使其树立正确的学习态度，养成良好的体育锻炼习惯。教学方法的选择与运用、教学活动的组织与实施、教学效果的测验与评价都必须充分考虑学生的心理需要，发挥非智力因素的作用，使学生在愉快、积极、向上的情绪体验中掌握知识、培养和发展能力。例如，情境教学模式、快乐体育教学模式都设有问题情境，使教学过程具有复杂、新奇、有趣等特征，激发了学生的学习兴趣和求知欲。

六、教学手段趋向现代化

随着科学技术的发展，涌现出越来越多的现代体育教学媒体，丰富了教学中信息传递的途径，促进了体育教学模式的改革。许多体育教学研究者开始探索这方面的新模式，注重运用现代科学技术的新成果。例如，运用多媒体教学帮助学生建立正确技术表象，健美操课运用多媒体技术手段培养学生的动作创编能力等。在运用高校体育教学模式的过程中，充分利用现代教学手段，将学生的视觉与听觉有机结合，通常能取得良好的教学效果。

七、评价标准趋向多元化

不同的体育教学模式需要不同的评价方式。随着现代教育改革的深入，体育教学模式发生了明显变化。单一的评价方式难以全面、客观地反映某一体育教学模式的科学性。因此，高校体育教学评价应采用全面的评价方式，选择多元化的评价指标。传统的高校体育教学模式重视结果评价，而忽视了对学生学习和实践过程的评价。现代高校体育教学模式逐渐摆脱了单一的终结评价方式，开始重视学生的学习过程评价、单元评价及自我评价等。

参考文献

[1] 关北光，毛加宁 . 体育教学设计 [M]. 成都：西南交通大学出版社，2016.

[2] 陈轩昂 . 新时期高校体育教学的改革与发展 [M]. 北京：航空工业出版社，2017.

[3] 辛娟娟 . 运动技能与体育教学 [M]. 北京：九州出版社，2018.

[4] 夏越 . 现代高校体育教学研究 [M]. 北京：北京理工大学出版社，2019.

[5] 张京杭 . 高校体育教学方法实践探索 [M]. 北京：现代出版社，2019.

[6] 郝英 . 高校体育教学俱乐部的组织与设计 [M]. 北京：九州出版社，2019.

[7] 李慧 . 高校体育教学改革与科学化训练研究 [M]. 沈阳：辽宁大学出版社，2019.

[8] 向青松 . 高校体育文化理论与实践研究 [M]. 北京：中国原子能出版社，2020.

[9] 张建梅 . 高校体育教学与大学生体能训练 [M]. 长春：吉林科学技术出版社，2020.

[10] 谢明 . 高校体育教育理论探索与实务研究 [M]. 长春：吉林人民出版社，2020.

[11] 邱天 . 高校体育创新思维的教学与实践 [M]. 厦门：厦门大学出版社，2020.

[12] 康丹丹，施悦，马烨军 . 高校体育文化建设与大学生体育健康 [M]. 长春：吉林人民出版社，2020.

[13] 马顺江 . “互联网 + 教育”背景下高校体育教学创新思路研究 [M]. 沈阳：辽宁大学出版社，2020.

[14] 吴广，冯强，冯聪 . 高校体育管理体制与教学改革研究 [M]. 北京：研究出版社，2020.

[15] 周丽云，刘朝猛，王献升 . 高校体育教育理论与项目实践教程 [M]. 北京：中国书籍出版社，2022.

[16] 刘景堂.高校体育教学改革研究[M].北京：中国纺织出版社有限公司，2020.

[17] 张鹏.高校体育文化教育与运动研究[M].长春：吉林科学技术出版社，2020.

[18] 樊文娴，马识淳，王冬枝.高校体育教学与大学生体育运动管理[M].长春：吉林出版集团股份有限公司，2021.

[19] 刘青.新时期高校体育文化构建研究[M].长春：吉林人民出版社，2021.

[20] 陈兴雷，高凤霞.高校体育教育与管理理论探索[M].天津：天津科学技术出版社，2021.

[21] 孙丽娜.高校体育教学风险防范现状与运动应急对策研究[M].长春：吉林大学出版社，2021.

[22] 王冬梅.高校体育教育创新发展研究[M].长春：吉林人民出版社，2021.

[23] 张仕德，朱有福，庞春.高校体育管理理论与实践研究[M].长春：吉林人民出版社，2021.

[24] 田应娟.当代高校体育教学改革创新与发展[M].长春：吉林人民出版社，2021.

[25] 施小花.当代高校体育教育理论与发展探究[M].长春：吉林人民出版社，2021.

[26] 孙丽萍.新时代高校体育教学理论探索与实务研究[M].长春：吉林大学出版社，2021.

[27] 李响.高校体育教学训练水平提升策略与实证[M].北京：北京燕山出版社，2021.

[28] 韦雄师."翻转课堂"模式在高校体育教学中的实践应用[M].西安：陕西人民教育出版社，2021.

[29] 李彦松.多维度视域下的高校体育教学工作研究[M].长春：吉林科学技术出版社，2022.

[30] 吕蕾.高校体育资源与体育产业融合的联动发展[M].长春：吉林出版集团股份有限公司，2021.

[31] 方武.课程思政与高校体育课堂教学的融合研究[M].北京：中国纺织出版社有限公司，2022.

[32] 信伟.高校体育经济的发展研究[M].北京：中国经济出版社，2022.

[33] 田伟 . 高校体育科学化教学的创新与实践 [M] . 长春：吉林大学出版社，2022.

[34] 鹿道叶 . 高校体育教学设计与实践研究 [M] . 西安：西安交通大学出版社，2022.

[35] 左为东 . 课程思政视角下高校体育教学模式研究 [M] . 北京：中国纺织出版社有限公司，2022.

[36] 李科 . 高校体育改革践行“体教融合”路径研究 [M] . 长春：吉林大学出版社，2022.

[37] 武传钟，孙毅，曹玉超 . 新时代高校体育健康理论与实践教程 [M] . 天津：天津大学出版社，2023.

[38] 李小燕，杨宇飞 . 试论体育教师的重要地位和历史使命 [J] . 湖北三峡学院学报，1999（2）：89–91.

[39] 丁子平 . 宁夏大学成人高等教育发展方向初探 [J] . 陕西师范大学继续教育学报，2003（增刊 1）：37–40.

[40] 胡武田 . 新课程理念下中学体育教学的思考 [J] . 广西右江民族师专学报，2005（3）：116–119.

[41] 罗时铭 . 近代中国人体育认知异化的历史学考释：以东西方两种不同的体育传播发展道路为研究视角 [J] . 体育与科学，2008（2）：54–56.

[42] 李继玲，王发斌 . 试论大学生身体锻炼能力和自我保健能力的培养 [J] . 卫生职业教育，2009，27（11）：24–25.

[43] 王晓红 . 影响当代大学生体质健康的因素分析与对策研究 [J] . 湖北成人教育学院学报，2009，15（2）：6–8.

[44] 吕红芳，边宇 . 美国“新体育”思想的历史解析与启示 [J] . 广州体育学院学报，2013，33（2）：12–16.

[45] 韩玉璋，郭淑范 . 上海市民办普通高校体育教学现状与对策研究 [J] . 青少年体育，2014（12）：76–78.

[46] 刘若群 . 强化体育课和课外锻炼贵在抓落实 [J] . 河北教育（综合版），2015（3）：8–11.

[47] 孙宏安 . 关于教学评价概念的一个注记 [J] . 大连教育学院学报，2015，31（2）：1–3.

[48] 罗志成 . 谈如何在中专体育教学中培养学生的体育意识 [J] . 才智，2015（22）：18–19.

[49] 杨林 . 社会新形势下高校体育教育理念的更新与重构［J］. 亚太教育，2015（25）：48.

[50] 刘翊军，高峰 . 国外教育家体育教育观对我国学校体育的影响与启示：评《近现代国外著名教育家体育教育观研究》［J］. 当代教育科学，2016（15）：66.

[51] 龚嘉荣 . 体育教学中学生创新意识与实践能力的培养分析［J］. 当代体育科技，2019，9（27）：55-56.

[52] 张辉 . 高校体育教师职业能力创新发展研究［J］. 山东农业工程学院学报，2019，36（10）：171-172.

[53] 姜珊珊 . 基于生命教育视阈下的高校思想政治教育教学路径［J］. 才智，2020（25）：29-30.

[54] 张天聪 . 自主—合作教学模式在高校体育教学中的运用［J］. 当代体育科技，2020，10（11）：180-181.